U0959368

[英国] 韦罗妮克·莫捷 著　刘露 译

性存在

牛津通识读本·

Sexuality

A Very Short Introduction

译林出版社

图书在版编目（CIP）数据
性存在／（英）莫捷（Mottier, V.）著；刘露译．—南京：
译林出版社，2015.8（2021.11重印）
（牛津通识读本）
书名原文：Sexuality: a very short introduction
ISBN 978-7-5447-5408-8

I.①性… II.①莫… ②刘… III.①性学 - 研究
IV.①C913.14

中国版本图书馆 CIP 数据核字（2015）第 060839 号

Sexuality: A Very Short Introduction, First Edition by Veronique Mottier 2008
Copyright © Veronique Mottier 2008
Sexuality: A Very Short Introduction, First Edition was originally published in English in 2008. This licensed edition is published by arrangement with Oxford University Press. Yilin Press, Ltd is solely responsible for this bilingual edition from the original work and Oxford University Press shall have no liability for any errors, omissions or inaccuracies or ambiguities in such bilingual edition or for any losses caused by reliance thereon.
Chinese and English edition copyright © 2015 by Yilin Press, Ltd
All rights reserved.

著作权合同登记号　图字：10-2020-573 号

性存在 ［英国］韦罗妮克·莫捷 ／ 著　刘　露 ／ 译

责任编辑　於　梅
责任印制　董　虎

原文出版　Oxford University Press, 2008
出版发行　译林出版社
地　　址　南京市湖南路 1 号 A 楼
邮　　箱　yilin@yilin.com
网　　址　www.yilin.com
市场热线　025-86633278
排　　版　南京展望文化发展有限公司
印　　刷　江苏凤凰通达印刷有限公司
开　　本　635 毫米 × 889 毫米　1/16
印　　张　19.25
插　　页　4
版　　次　2015 年 8 月第 1 版
印　　次　2021 年 11 月第 7 次印刷
书　　号　ISBN 978-7-5447-5408-8
定　　价　39.00 元

版权所有 · 侵权必究
译林版图书若有印装错误可向出版社调换，质量热线：025-83658316

序言

李银河

这是一部全面论述西方性存在状况及其历史演变的学术专著。它用丰富的史料为我们展现了一幅西方社会中性存在状况的演变的瑰丽画卷，使得我们仿佛身临其境般看到了西方性文化的变迁，其中有许多振聋发聩的细节，颠覆了人们对许多问题的惯常看法与惯性思维。例如：在古希腊，人们对男性"性侵入"的看法和对成年男性公民与少年、女人以及奴隶的性关系的看法；肇始于19世纪的优生学思潮以及大规模的对低智人群施行绝育手术的做法；萨特、波伏娃、福柯等人联署的对成年人和未成年人之间自愿的性关系合法化的呼吁；酷儿群体、理论以及潮流的形成等等。这其中的许多事情都是我们以前闻所未闻的，甚至会觉得匪夷所思的。这些史实都被作者在这部研究专著中娓娓道来，令人在震惊之余，不得不深思西方性存在历史变迁背后的逻辑和动因。

现代西方在性领域发生了三大转变：第一是性的世俗化，性与宗教价值观相分离。第二是性的自由化，人们对计划生育、人工流产、离婚、婚前性行为、同居和同性恋有了更高的接受程度。第三是人际关系模式的改变导致了家庭的危机。从20世纪60年代中期开始，结婚率从瑞典和丹麦开始下降，波及英国，70年代传到美国和西德，再后来是法国，同居率和离婚率上升。三分之一的婚姻以离婚告终。世界进入艾滋病时代以来，性领域又出现了第四个趋势，那就是性欲望的丧失。丧失欲望被称为20世纪90年代的疾病。调查表明，在过去的20年间，性欲望丧失的现象越来越普遍，以美国为例，这一趋势影响到35%的美国女性和16%的美国男性。可以说，性规范的发展趋势总的看来是越来越多元，性道德的约束也越来越宽松。

在我看来，本书最为激动人心的是展示了西方社会中性发展的多元论趋势。性的多元论日益被西方和全世界的人们所理解和接受。性的多元论主张按性欲自身的感觉来表达，拒绝任何单一的固定的表达方式。它的核心原则认为，差异是健康的和自然的，而不是病态的、邪恶的或者是政治上不正确的。

传统的性学大都以一元论为基调，以异性恋的阴茎阴道交为自然的性行为，而将所有其他的性行为都视为不成熟的、辅助的，或者是“真正的性行为”的替代行为。婚前的爱抚和手淫的重要性仅仅在于它们是辅助异性性交这一目的的手段。马斯特斯和约翰逊虽然承认女性通过手淫更容易获得快感，但仍然认为它是在异性恋接触受到限制或无法实现时的替代活动，只不过是“退而求其次”的行为。这种性的一元论的理论背景仍没有脱离基督教性文化的以生殖为性的唯一合法功能的窠臼。大多数性学家全都把异性恋插入式性交放在首位。他们往往认为，只有这一性行为模式具有生理学的基础，性最终的功能是生殖功能。

与此相反，性的多元论表达了人对性活动的丰富多彩的需求，它不断地拒绝被分类定型，不断地脱离所有的特殊认知和固定事实。反对对性活动的分类定型是一个自由对禁制的反叛，它反对将性行为正规化和日常生活化，分类加以控制或者禁制。

性的多元论的理论基础来自性欲的多元和性快乐的多元，来自性实践的无限可塑性。性的多元论告诉我们，人类的性欲是多样的，而不是单一的，许多不同的生活方式都可以是好的，每一个人和所有的人的生活方式都可以是好的。性的多元论的中心思想是对不同的生活方式、对不同的做人方式以及对每个人追求自我目标的尊重，是对各种价值观的兼收并蓄的宽容态度。经过几千年的社会和文化变迁，性的多元文化已经被越来越多的西方人所接受。通过这本书的阅读，希望它也能逐步为中国人接受，它将为我们带来一个自由、民主和健康的多元文化的新时代。

2015年5月7日

目录

致谢

1999年至2008年期间，我曾在剑桥大学社会与政治科学系和性别研究中心开设了“性存在与社会排斥”、“性存在与亲密关系的活力”和“性别、性存在与国家”系列讲座，本书中的部分内容最初就是在这一系列讲座的过程中积累起来的。非常感谢学生和其他听众，他们对讲座进行了深入提问并提供了反馈。我之前的一些研究也为这本书奠定了基础，这些研究得到了瑞士国家科学基金会（基金号为61-66003.01和3346-61710.00）的资助。我还要感谢剑桥大学耶稣学院和洛桑大学人类学与社会学研究所提供的制度性支持。

以下人士均对本书提出过有益的评论和建议，在此一一表示感谢：马克斯·伯格曼、露西·布兰德、泰瑞尔·卡弗、克莱尔·钱布斯、贾姬·克拉克森、约翰·康沃尔、克里斯汀·德尔菲、丽贝卡·弗莱明、彼得·加恩希、娜塔莉亚·格罗泰提、安东尼·吉登斯、西蒙·戈德希尔、吉奥夫·哈克特、蒂姆·詹金斯、盖瑞·科恩斯、邓肯·凯利、费丽帕·莱文、茱莉亚·米切尔、海伦·莫拉尔斯、马汀·莫莱特、伊尔加·莫捷、亚尼斯·帕帕丹尼尔、帕特里西亚·鲁、鲁伯特·卢梭、詹妮特·索斯凯斯、伯纳德·伍塔、汉斯·维金卡兹。我还要感谢牛津大学出版社的詹姆斯·汤普森、安德莉亚·基根和玛莎·菲利翁，他们的建议和支持促成了本研究。同样感谢奥拉夫·亨里克森-贝尔和阿莱森·西尔弗伍德对本书进行审稿。当然，在这样一个充满争论的领域，以上人士的观点未必都能在本书中有所体现。最后，非常感谢我的丈夫詹姆斯·克拉克森，他为我提供的学术和其他方面的帮助不胜枚举。

引言

现代世界中，性无处不在。我们周围各种声音此起彼伏：性爱专栏、社会名流、知心大姐、谈话秀节目、电视布道家、心理治疗师、各种男性和女性杂志以及自助类的书籍，都纷纷告诉我们应当怎样履行性这一亲密关系。还有人利用与性有关的意象，向我们推销日常生活中的各种商品，如汽车和衣服，或者推销性本身；同时，只需鼠标轻轻一点，就可以从互联网上找到各种性工具、色情制品和潜在的性伴侣——无论是真实的还是虚拟的。现代世界中，到处都有人给自己贴上身份标签：男同性恋者、女同性恋者、异性恋者、双性恋者、双性恋好奇者[①]、裸露癖者、性服从者、女性施虐狂者、摇摆者（交换性伴侣的人）、转向者（从同性恋变为异性恋或由异性恋变为同性恋的人）、交易者（和异性恋男人发生性关系的同性恋男人）、童贞再生者（实际上已经失去了童贞但又发誓在婚前戒绝一切性行为的人）、恋残障癖者（受到截肢者性吸引的人）、嗜兽装癖者（也叫嗜毛皮癖者，指那些喜欢穿兽皮衣服并从中获得性快感的人）或喂养癖者（过度喂养自己肥胖的性伴侣的人）。这里有一个很关键的问

① 指那些对双性恋很有兴趣或怀疑自己是双性恋者，但还并未宣布自己是双性恋者的人。——本书注释均由译者所加，以下不再一一说明。

题，即我们想利用这些分类来弄清我们自己是谁：我们对自己的定位，部分是通过我们对自己性存在①特点的定义来实现的。我们又是怎样认识到性对我们的身份的重要性的？我们在本书中将会看到，将“性存在”理解为人们体验自己的身体、快乐和欲望的方式，并将其和性身份联系起来，这是近代以来才有的现象，在18世纪和19世纪的欧洲才开始出现。这并不是说人们在近代之前就没有性方面的活动，而是说过去人们理解自己性经验的方式和现代社会理解性的方式截然不同。

性是一个文化客体。男人和女人之间的不同，不能单单被认为是生物因素上的区别，而是要更多地借助“性别”的概念来理解，而性别这一概念又蕴含了各种不同的社会赋予男性气质和女性气质的社会含义。同样，性也不是一种纯自然的、生物的、无差别的经验。不同的文化背景和不同的时代对于性经验的理解千差万别。性的概念由社会和政治力量所塑造，又与围绕阶级、种族，特别是性别的权力关系紧密相连。实际上，本书就是要阐明：性、性别和性存在是密不可分的。对于性存在的文化理解，是基于不同时期男性气质和女性气质的标准范式，即男人和女人“得体”的行为方式而形成的。

在这一基础之上，本书将探寻现代社会性存在问题的社会和政治意义，以及围绕性问题的种种斗争。本书主要的研究范围是西方，当然也不仅限于西方。研究的主要着眼点，不是人们具体的性行为，而是将性存在作为一个社会和政治问题。第一章分析了历史上的人们对于性的看法，集中阐述了古代社会和基督

① sexuality一词在本书中被译为“性存在”，指人类对性能量的拥有状态，或对性进行感受的能力。现多用这一概念来代替传统的“性”(sex)概念。

教对于性的观点。第二章分析了近现代社会关于性存在模型的理论、论争和争议。第三章、第四章和第五章围绕性存在是社会和政治斗争的舞台这一主题进行了进一步的阐述，其主要着眼点是“自下而上”的女权主义性批评的挑战（第三章）、“自上而下”的国家对于性的调节规范（第四章），以及同性恋政治、宗教激进运动和性的未来（第五章）。

第一章
性存在之前

雄狮不会爱慕自己的同性，因为它们不懂哲学。

假托琉善之名者，约公元4世纪

古代世界的性

柏拉图的《会饮篇》中提到，阿里斯托芬讲述过一个关于人类起源的寓言故事。据他说来，人类的祖先是一种圆球形的生物体，生殖器长在体表；个个四手四足，双脸相对。他们有三种不同的性别：一种人有两个男性生殖器；另一种人有两个女性生殖器；第三种人则是雌雄同体人，拥有男性生殖器和女性生殖器各一个。随着时间的推移，这种生物变得傲慢自大，目空一切。为了惩罚他们，宙斯将他们一分为二，割成两半。虽如此，他们却宁愿绝食自戕，也不愿放弃自己的另一半，因为“他们做任何事情都不愿意分开”。宙斯动了恻隐之心，又想出一个新的办法，即转动他们的生殖器官，使他们可以彼此产生性关系。因此，今天的我们都只是半个人，无论男女，每个人都在寻找自己的另一半。从雌雄同体的个体中分离出来的男人，在找他另一半的那个女人；而从女性双体人中分离出来的女人，则是“对男人没有兴趣却依恋女性”的人；从男性双体人中分离出来的男人，则更愿意追求男性，从小就“喜欢与男性同榻而眠、相互拥抱……因为在他们身上男性的本质最为明显，并且……他们能从和自己同性的共处中获得享受”。

阿里斯托芬的这番演说词后来演变为一个关于性别起源的神话故事。但这个神话背后的寓意何在？表面看来，它似乎在说，一些人只会对同性有兴趣。然而，很多古典主义者却不以为然，他们指出，阿里斯托芬这位喜剧诗人总是有着最为离经叛道、戏谑讽刺以至于荒诞可笑的想法，比如鸟类开议会、妇女参政等等，因而柏拉图选择让他来讲述这个故事并不是偶然的。有一点我们可以肯定，对绝大多数古希腊和古罗马时代的人来说，以发生性关系的对象来对人进行分类，这一想法匪夷所思。古代并不是性自由主义的时代。当时的性道德处于道义与法律规范的严格约束之下。但是，对于道德的注重仅限于性行为，而非性欲的对象。古代人并不以生理上的性身份来理解他们自己，但维护社会性别身份对他们来说却至关重要，这一点我们后面将会讨论到。这就与现代社会的人理解性别的方式有着很大的区别，现代人理解和判定自己性别的中心依据是诸如异性恋和同性恋这样的概念。正是基于这一区别，米歇尔·福柯、保罗·贝内、戴维·哈波林或约翰·温克勒等历史学家都将古代世界定位为“性存在之前的世界”。这一时期，性的概念以及它所蕴含的文化意义都与今天的有着本质的不同。

古代世界的性文化也绝不单一，在不同的地域和不同的历史时期都存在着很大的区别，这本简介性质的图书限于篇幅，很难详述。因此，在本章中，我们主要讨论古希腊和古罗马的情况。仔细分析古希腊人和古罗马人看待性的方式，会给我们提供有益的背景知识，也可以为现今世界中有关性的关键问题提供比照。

古希腊的性文化与其政治和历史背景密切相关。希腊社会的中坚力量是一小部分男性精英公民。女性公民和儿童在社会中处于从属地位，没有任何政治权利；而外来移民和奴隶则连公民身份也不具备。更准确地说，女性公民的地位类似于未成年人，时刻处于男性亲属的法律监护之下。当时的性文化正反映了男性公民的社会权力，其核心是男性的享乐。古希腊人对性的理解是阳具中心主义的，性的唯一定义就是阴茎的侵入。人们认为除此之外的亲吻、爱抚和其他形式的身体接触是示爱的表现，但它们并不属于性行为。因此，在古希腊人的概念中，性不是一种相互的关系，不是一种对于亲密情感的共同表达，而是一种单方面的行为——对他人的侵入。性伴侣的身体愉悦或者说配合，则被普遍认为是无关紧要的。男性被鼓励利用阴茎进行侵入式的性交，以获得征服感，控制处于受支配地位的性伴侣。这样的性关系体现了社会政治中的权力关系，因为男性在战场、政治和性的方面，都拥有其作为公民的社会地位。

这一时期的性文化与人们对于性和性别的看法密不可分。当时的医学认为人体是弱不禁风的，由一团极不稳定的液体所组成，极易因为年龄、饮食和生活方式而失衡。人们认为人的衰老和最后的死亡是因人体变冷和液体蒸发所致。因此，控制饮食，以及其他控制体内液体健康平衡的方法，成为了当时的流行文化。公元2世纪的古罗马名医伽林在其撰写的医学论文中，认为性别是一种流动的状态。受他的影响，人们将男性视作热烈、强壮的一方，而女性则是被动、虚弱、潮湿和阴冷的一方。她们由于月经等生理现象，流失了身体热量和生命能量，又通过性交夺取男性的热量和能量。因此，人们将性行为本身定义为和身体获得热量有关的一个过程。在审美上，希腊人则更倾向于欣赏阴茎小巧的男性，认为他们具有一项优势，即在战争时面临相对较小的风险。

正如历史学家托马斯·拉克尔所指出的那样，古典的性别模型中蕴含了一种“单一性别模型”：人们的性别是流动不定的，因此男性如果体内热量流失，就有女性化的危险；而女性如果身体热量增加，则会变得具有男性特征。这样的思维模式给人们带来了一种心理感受：性别不是一个稳定的、生物学的特征，而是一种受到潜在威胁的身份。男性如果与寒冷的女性身体过度性交，由于射精导致体内的液体减少，体内的生命热量流失，就有女性化的危险。因此，那时的人们认为虽然性对于维系健康是必要的，但过滥的性交则对男性有危害。相反，女性阴冷潮湿的身体则需要男性的热量来弥补自身不足的生命力。更加重要的是，女性需要液体的种子来维持她们子宫的稳定性（希波克拉底[①]学派认为子宫处在漂移不定的状态中），让子宫不至于因为寻找液体而在女性的体内四处移动，导致女性窒息。

部分古希腊和古罗马人认为女性天生性欲过于旺盛，这一观点也体现了上述的医学观念。有关提瑞西阿斯的寓言便反映了这一观点，这个寓言最著名的版本见于奥维德的《变形记》。奥维德讲述了一个名叫提瑞西阿斯的男人的故事，提瑞西阿斯曾被诸神变成女人长达七年。在作为男人和女人分别体验了性关系之后，他被要求前去裁决宙斯和他的妻子赫拉之间的争辩：男人和女人谁的性快感更强？当他宣布答案是女人时，赫拉出于报复弄瞎了他的眼睛，因为他道破了这一女性的秘密。

---

① 希波克拉底（约前460年—约前370年），古希腊医师。他将医学发展为专业学科，并创立了希波克拉底学派。

当时人们认为女性是比男性低级的生物，认为女性不具有男性那样的对于性欲的自控力。因此，女性的性存在被认为是危险的，因为她们对于性的饥渴会榨干男性，更坏的结果是将他们变为女人。在当时的社会中，女性的社会地位和公民地位都极端低下，因此男性渴望通过建立和维护性别分界来稳固自己的男性气质。男性的性别身份是脆弱的，男性气质不是建立在男性身体的基础上（因为人们认为男性的身体是不稳定的，有随时滑向女性气质的危险），而是通过日常生活中体现男性气质的侵略行为来实现，其中也包括性行为。为了维护男性气质不被侵犯，男性在性关系中的表现是最关键的，他的性欲望则不那么重要。性能力低下常常被认为是男性气质的耻辱丧失，也常常被小说和戏剧拿来作为笑料。古典文学中反映男性性悲剧的最著名的篇章中，就有这样一段：在古罗马彼得罗纽斯的小说《萨蒂利孔》中，主人公恩科比乌斯想要与美丽的喀耳刻发生性关系，喀耳刻却告诉他，除非他肯为了自己放弃他16岁的男友吉托才可以，这时灾难降临了：

> 我三次抽出这慑人的武器，
> 三次它却都比菜叶还要绵软，
> 在这道可怕的沟壑面前，我退缩不前，失去了男性的意志，
> 再也不奢望我曾经所想。

医书作者普里斯蒂安曾提到，人们认为色情的意象可以作为治疗阳刚之气不足的良方：“让病人周围环绕着美丽的年轻男女；同时让他看书，这些书要能激发他的性欲，书中要有微妙的

爱情故事。”不然，跳舞的女郎或各种刺激性欲的物体也可以起到作用，老普林尼[①]在他的《自然史》一书里就推荐了一份这样的刺激物的冗长清单。古代世界有关性的意象则更为普遍，几乎无处不在，尤其是阴茎的符号，它象征着用来驱除邪恶的男性力量。

考古学上的证据表明，当时的壁画、墙绘、涂鸦和建筑上，常有勃起的阴茎和其他象征性与繁殖力的符号，这些符号作为装饰常出现在富有家庭的花园和住宅中，或出现在日用物品如风铃和陶器上。假阴茎和其他的性工具在古书中也常有提及，在陶器上也有所呈现。有关性的教学手册也十分流行，还有一些书给予了人们更为宽泛的指导。古罗马诗人奥维德的《爱的艺术》三卷本都是给准备恋爱的人的建议，后来他写的《爱的医疗》是给因恋爱而心碎的人的一些小忠告。

当时的人们通常认为，男性气质的表达侧重点在于在公开演说和生活的其他各方面体现出进攻性和主导性，这其中也包括了性行为。在性行为中男性气质等同于积极的、进攻性的性角色。至于性欲望是正常还是反常，则要根据它违反人们通常所接受的性别角色的程度来判定。在古典性文化中，鸡奸或手淫之类的性行为并不会给人们带来道德上的不安。与性规范相关的问题主要集中于阴茎的侵入。这种侵入行为象征着男性的身份，也象征着社会地位，但被侵入的对象是女性还是未成年男子，则无关紧要，重要的是谁是这一侵入动作的实施者。侵入者被认为处在主动地位，而被侵入者则被认为处在被动地位。一个生来是自

① 盖乌斯·普林尼·塞孔都斯（23年—79年），世称老普林尼，以与其养子小普林尼相区别。古罗马的百科全书作家，以其所著的《自然史》一书著称。

图1 庞贝古城出土的带翅膀的阴茎饰品，可能是家庭装饰所用，公元1世纪。

由民的男人，如果渴望被侵入，则是有悖常理、自贬身份的，因为这样的欲望会让他的社会地位沦为类似女性或奴隶的角色。“合适的”被侵入对象是女人、未成年男子、外邦人和奴隶，这些人都不具有和雅典的男性公民同样的政治和公民权利。当时，社会地位就是根据这样的主动/被动角色来确定的，而不是异性恋/同性恋这样的分类，后一范畴到很久以后才出现。

因此，规范性行为的准绳，也是构筑于公民的政治身份之上的。正如古典学者戴维·哈波林所说：“公民身份对于雅典自由民来说，不仅是一个政治和社会概念，而且是一个性和性别化的概念。”古代社会推崇一种“崇尚侵入和主宰的民族精神”，将性秩序和政治与社会秩序混同起来。因此当时的社会并没有在公共政治领域和私人性行为之间划清界限。人们常常以不当的性行为作为武器来攻击自己的政敌。这种公开话语中的性侵犯很常见，而且毫无掩饰，有时还可能带来严重后果，包括导致被攻击的人丧失公民身份。性行为的等级中，最贬低身份的行为就是被控有为女性口交的行为，紧随其后的是为男性口交的行为，因为不论是男性还是女性，嘴部被阴茎侵入都是丧失身份的（因此，这一行为最好是由卖淫者或奴隶来完成）。莱斯博斯岛上的人因为其堕落不堪的性行为而声名狼藉，因此古希腊人所使用的动词“口交”含有“像莱斯博斯人[①]那样行为”的意思，更具体的就是指“吮吸阴茎”。该词并不强调施行口交者的性别，只有接受口交的人的性别是确定的。

男性之间的恋情则广为当时的社会所接受，极其普遍，并广泛见诸当时的文学、艺术和哲学作品。不过，对于男性之间的性

---

① 莱斯博斯人的英文对应词lesbian一般指女同性恋者。

行为，人们的看法却不尽相同，对于到底是爱慕年轻男子还是爱慕女人更为高尚的争议无处不在。一些人认为爱慕男性比爱慕女性更为高尚，因为去爱一个和自己平等的生物，比去爱一个低等生物要好。《欲望》是一本古希腊的谈话录集，作者已不可考，其中有一段关于爱慕男性和爱慕女性各自有其优点的话，是这样说的：

婚姻是繁衍后代的需求所催生的药方，但哲学家的心必须仅由男性之爱来主宰。

该文还继续论证说，与女性发生性关系是为了满足繁衍后代的需求，但一旦这种基本需求被满足，并且社会向一个更高级的阶段发展，男性就自然会想追求文化上更为高级的享乐形态，因为这种享乐已经更多地脱离了自然形态：

与女子性交比与未成年男子性交有着更为悠久的历史，但这并不意味着我们可以轻视后一种关系。我们要牢记，原初的行为仅仅是出于需求的驱使，而那些因为进步而产生的需求，则更为高级，更值得我们尊敬。

古希腊诗歌中还提倡，最优秀的军队需由男性的同性恋人所组成，因为他们为了保护自己的恋人，并在他们面前有所表现，会尽最大的力量杀敌，表现得奋不顾身——柏拉图在《会饮篇》中也提出过这一观点。但和其他一些人一样，柏拉图本人曾表达过对男性之间性关系的厌恶。他主要批评了那些在这一性关系中处于被动顺从地位并从中获得享受的男性。他认为这些男性是软弱而女性化的，只是存在于男人身体里的女人。这些女性化的、顺从的男性违反了性别角色的常规模式，将自己的身体奉献给其他男人侵入，等于是自愿地接受了处于社会底层的女性的地位，这些人被认为有悖于自然之道，和那些扮演男性角色的女人（被称作女奸者）一样，对社会秩序是一个极大的威胁。

侵入者的角色对于男性的社会和政治地位有着举足轻重的意义。基于这一点，成年男性之间的性关系会令人们感到非常不安，因为其中的一个人必须要扮演屈从者的角色。而与未成年男子发生关系则可以部分避免这一问题，因为男子必须要到成年才具有公民身份。古典文化中的人们认为，年轻男子脸颊上和大腿上长出毛发会使人产生性厌恶。未成年男性从青春期的开始到成熟的少年时期，是具有性诱惑力的，但一旦长出了胡子和阴毛，这种诱惑力就消失了。雅典人认为成年男性和少年男子之间的情爱是自然而高尚的，只要他们遵守性交的规范。

这种成年男性对少年男子的性渴求，被称作希腊式恋爱。人们往往将此看成是成年男子（“情人”）向年轻的、处于被动地位的“男孩”（“被爱者”）——一般最小12岁，最大17岁至20岁——提供理论和肉欲上的指导的关系，这与现代人看待师生间性关系的态度截然不同（不过，职业的教师和培训者——其中很多人原先是奴隶——是不得勾引他们的学生的，奴隶也不得引诱年轻的自由民）。希腊式恋爱关系常被视为年轻男子所受的一项常规教育，并成为了一种制度化的关系，即成年引导者将哲学命题和常识教授给未成年男子，为他作好成为公民的准备。

虽然希腊式恋爱关系被社会广为接受，但身为自由民的未成年男子是未来的公民，这就意味着这种关系要受到一定程度的道德约束。因此，在这一关系中注重性交规范是很重要的。特别是对于未成年男子而言，他们在希腊式恋爱关系中不应当体验性欲望。如果他们愿意为年长的男性献出肉体，应当是出于“友爱”——对于追求者的友谊、尊重和爱。因此人们认为，男孩应该在被对方追求了相当长的时间、让对方付出相当昂贵的代价之后，再委身对方，才显得得体。男孩如果从交欢中获得愉悦，则会被指责为“女性化”和不知羞耻，“不是男人当有的行为”（因为人们认为只有女人才对性愉悦有着贪婪的胃口）。

有关女性之间性关系的史料则寥寥无几，研究古代性史的历史学家哈波林、福柯等人的研究也几乎全部集中于男性之间的性关系。公元前7世纪出生在莱斯博斯岛的诗人萨福是一个罕见的例子。她的诗歌描述了女性之间的强烈情感，虽然这些诗歌留存至今的很少。古代男性则会以否定、蔑视或者窥阴的态度来描述女性之间的性关系。他们习惯于认为与其他女性发生性关系的女人拥有硕大的阴蒂，正如男人的阴茎一样；或者想象她们在假阴茎的帮助下，获取了男性的侵入角色。

虽然男性之间的性关系一直是古典性文化中最能引发热议的一方面，但这只是当时男性众多的性选择之一，他们的其他选择还包括性交易和婚姻。当时的人们认为只要是公民，无论男女，都应当有合法的婚姻以及婚内性行为，这也是他们对于社会的基本职责。体面的女性在婚姻之外不应该再有其他的性关系，她们的性行为仅限于婚姻之内。通奸被定义为有已婚女性参与的性行为（而另一通奸者的婚姻状况则无关紧要）。通奸是典型的古代性犯罪，也是很多古代文学作品津津乐道的主题。在古代世界，大部分不正当的性关系都会得到不成文的默许，但通奸却会遭到公众谴责和社会唾弃，引发复杂的法律后果。人们认为，勾引一个雅典女自由民，比强奸更为罪大恶极，因为秘密的通奸会让男人无法确定自己孩子的血统，不像遭受强奸后的女子生下的孩子，在确认身份后会被直接杀死。因此，人们认为强奸不是对被强奸的女子本人所犯下的罪恶，而是对该女子的丈夫、父亲或男性监护人所犯下的罪恶，也是对公共秩序的威胁，因为受伤害的男性一方很可能会采取复仇行动（无论男女双方是否你情我愿，只要当场发现，这些男人都可以合法地将犯奸者处死）。罗马的奥古斯都皇帝在公元前17年颁行了关于通奸的《尤利乌斯法》①，这项法律对通奸进行了重新定义，以法律的形式明确了通奸已经不仅是家庭事务，而且是一种应当遭到流放或被处以死刑的罪过，与整个社会利益攸关。事实上，该法律规定，如果女子的丈夫和父亲没有在一定的时间内及时处死罪犯，任何有责任心的公民都可以代他们执行。

花钱找舞女、“夜娼”和其他形式的卖淫者，虽然也被认为是可悲的行为不检点，但无论如何，却比与女自由民发生非法的性关系要体面得多，风险也要小得多。古代世界中，性交易无处不在，唾手可得。在很多古希腊和古罗马的城市中，卖淫者需要缴纳赋税，对当地经济的贡献很大。性交易的顾客无一例外是男性，而卖淫者却不但可以是女性，也可以是青少年男子（他们常常之前是奴隶或其他非公民）。性交易似乎是以公开的方式进行，地点不仅局限于妓院，也包括公园、墓地等公共场所，而考古遗迹中亦发现过卖淫者的草鞋鞋底上“跟我来”的字样在地上留下的痕迹，说明这也是他们拉客的一种方式。男性可以通过

① 由尤利乌斯家族成员颁行的古罗马法律系列，包括奥古斯都于公元前18年至前17年间颁布的道德立法。

购买的方式，拥有自己专门的性奴，或者与朋友们共享。对于富有的男人来说，召唤更为精致高雅的高级妓女，是格外的享受，也是被社会所接受的。用公元前4世纪的著名希腊政治家狄摩西尼[①]的话说："高级妓女为我们提供享受，侍妾满足我们身体的日常所需，妻子则负责为我们诞育合法的后代，并忠实地保卫我们的家庭。"成功的高级妓女从前常常是奴隶或外来移民，她们所拥有的自主权要比公民家庭出身的女性大得多，其中的一些人甚至财力雄厚，地位显赫。

成年男子居于主导地位，能够随意进犯处于屈从地位的女性或少年男子，这对于古代雅典的政治秩序至关重要。古代雅典民主制度的奠基者梭伦通过建立公共妓院，控制了嫖妓的价格（让任何公民都可以负担），由此在性奴的使用权这一问题上实现了民主化，他因此备受古希腊人的推崇，虽然这一做法事实上的正确性很受争议。正如戴维·哈波林所指出的，这一做法的重要意义在于将嫖妓民主和政治民主联系起来：任何男性公民，无论贫富，都应当可以花得起钱购买性享受。一些男性自由民由于贫穷而面临处于被压迫的社会地位，从而被女性化的危险；而现在廉价的卖淫者供应不绝，他们便可以通过性主宰的方式，重新获得社会身份上的统治地位。一些历史遗迹也可证明，虽然由于时间和地点的不同，古代世界中卖淫者的价格会有所差异，但总体上来说都十分低廉，如庞贝古城的墙上就有卖淫的价格表（最廉价的性服务与一块面包的价格相当）。

将男性卖淫这一现象作为问题来研究，可以揭示古代世界中性、性别和政治之间的复杂关系。虽然男性卖淫并不违法，但

① 狄摩西尼（前384年—前322年），古希腊伟大的政治家、演说家和雄辩家，希腊联军统帅。

自由民如果自愿卖淫，则被看作是自贬身份，通过成为性活动的被动对象，降至与女性、外来民和奴隶相同的地位。任何雅典的男性公民，如果在青少年时期曾从事卖淫，则会失去他的公民权利和政治权利。

在古代世界，性除了与公民身份相关，也与宗教活动密不可分。人们会特地通过性交、跳舞、唱歌和其他仪式来庆祝某些公共节日，比如在罗马统治下的埃及的克诺伯斯，便有这样一个一年一度的宗教节日。在古代的近东地区，由宗教场所的奴隶卖淫者为前来朝拜的人提供性服务的现象十分普遍。与此不同，古希腊和古罗马的神庙中是否有卖淫活动存在，尚无确凿的证据。但古罗马的卖淫者却有他们专门的宗教节日，他们还更多地作为敬拜者或服务者参加其他宗教节日。

不过，我们还需谨记的一点是，古罗马和古希腊文化并不是同质单一的。虽然古罗马和古希腊的性伦理道德十分相似，它们之间却也有一个显著的不同，即在古罗马文化中，鸡奸问题显得较为严重，而且希腊式恋爱关系（以及其所谓的教育上的好处）在古罗马也不被看好。虽然古罗马的成年男自由民可以与男妓、奴隶或外国男人发生性关系（只要他在其中扮演进攻的一方），也可以出没于妓院，但古罗马的道德法律，如《尤利乌斯法》却禁止成年男自由民与未成年男自由民之间发生关系。古罗马帝国每过一段时间便会重新颁行这样的法律，以彰显新皇帝对于公众道德的关切。不过，这样的法律很少被强制执行。不少备受推崇的古罗马诗人，如卡图鲁斯、奥维德、贺拉斯和维吉尔等，都在诗中讴歌男性之爱。提布鲁斯在一首诗中还描述了他的爱人，青年男子马拉修斯因为一个女人而抛弃他的心碎经历。

古希腊时代，女性的名字在她的一生之中都不得在公共场合被提起；相比之下，古罗马帝国女性的公民地位则要高一些。古罗马女性（至少是有产阶级的女性）体现出了比古希腊女性更多的独立性。比如，虽然古罗马法律规定女性必须要有监护人，但在实际生活中这种做法后来逐步消失，上层阶级的女性（在她们的父亲死后）可以拥有和支配财产。人们眼中的不正当性行为，尤其是女性的不正当性行为，也代表了古罗马社会中人们对于所谓社会腐化和道德堕落的更多关切。上层妇女的性过错，如通奸或与奴隶发生性关系，被古罗马的道德法律裁定为犯罪行为（虽然此类行为也同样很少受到实际的法律制裁），当时的文字资料也反映出了男性对于女性此类行为的不安。

历史与社会学理论家米歇尔·福柯提出，应当将古希腊和古罗马时代的性行为法则置于一个更大的社会背景中，这一背景就是当时的人们十分注重怎样成为一个好公民：他们对公民的饮食、运动以及与妻子和奴隶等从属人员的关系，都制定了规范。福柯还指出，相比较起来，在古希腊和古罗马文化中，人们对于食物的文化关切，要比对于性的文化关切重要得多。的确，在古代世界，对于许多人来说，日常生活就意味着求得生存，用古代史专家彼得·加恩西的话来说，就是“与食物息息相关”。对于食物和政权的注重，在古罗马人身上更为明显。当时上层社会男性的社会和政治权力几乎不受限制，而且社会上又弥漫着对道德堕落的不安心理，在这样的社会背景下，以塞内加为代表的禁欲主义哲学家们便提倡一种精神，即男性精英们要掌控他们的欲望，同时避免食物、酒精和性放纵可能带来的种种害处。如塞内加所说：“道德已经堕落，邪气主宰着一切，人类正在腐化，罪恶正在弥散。”不过，他在给自己的朋友路西里斯的信中又补充道：

路西里斯，如果你认为奢靡之风和对于道德的蔑视只是我们时代的罪恶——人们总是为此责备我们的时代，那么你就错了。这些是人类固有的缺陷，与时代无关。没有哪个时代能逃过这一劫。

为了对抗这种享乐主义的倾向，一种崇尚自我掌控的时代精神应运而生；这种精神被视为一种能给人带来道德快感的选择，一种可以让人生更美好的审美体验。过有道德的生活，意味着“在所有事情上”都实行自我节制和自我平衡。这一含义广泛的社会精神包含着性方面的自我节制，其重点是父权制环境中的性节制。原本，在父权制环境中，家中的任何一个人——不仅仅是男主人的妻子——都可以成为一家之主的性对象。

基于希波克拉底的医学理论和柏拉图、亚里士多德等人的观点，伽林等古罗马名医强调“过度”的危害，宣扬在营养和性事上实行节制的好处。在性伦理道德方面，他们主张，虽然适度的性生活是维持健康的必需，但过滥的性行为则应当避免，因为这会使男人变得虚弱、性无能，患上消瘦症。著名学者老普林尼在他的《自然史》一书中，不无赞许地用大象作为例子：因为“它们隔年才交配一次，而且每次只交配五天，不会再多。第六天，它们一头扎入水中，不洗干净就不回到种群之中”。不过，自我掌控这一概念也有其政治寓意。人们认为厄洛斯[①]所代表的爱欲力量有可能会威胁到社会政治秩序。正如福柯所指出的，当时的人们习惯于指责暴君的性生活放纵和不受节制，还认为控制好

① 希腊神话中掌管爱欲的神。

个人的欲望是民主制度存续的关键。古代历史学家詹姆斯·戴维森曾说过："希腊人……觉得控制好所有欲望是作为公民的责任，虽不必费尽心机去完全征服这些欲望，却要训练自己去对抗它们。"到公元5世纪，自我掌控的文化已经在社会精英中得以确立。这一文化注重性行为的节制，又受到早期基督教的影响，崇尚各种形式的禁欲。虽然基督教道德在某些方面与古典道德一脉相承，但其兴起却将彻底改变性所蕴含的社会与政治意义。

基督教与肉体的堕落

早期的基督教虽然融合了古代社会晚期某些关于自我掌控的思想，但是却将它们加以改造，构想出一种完全不同的性伦理道德。在古代社会晚期，禁欲因被认为是一种男性自我掌控的德行而备受推崇，而到了公元5世纪，基督教教义开始宣扬贞节观和禁欲观的时候，禁欲就同时针对了男女。当时世俗的政治权力开始向教会转移，在这样的背景下，性欲因为让人们耽于结婚生子的俗务而备受指责。性欲让人们不能集中精神，为进入天国和死后的生活作好准备。基督教对于性的敌意，反映了当时一项更为普遍的宗教任务，即将人们从世俗的束缚和欲望中解放出来。独身和贞洁被视为行为规范，而性和欲望则要受到监管。

奥古斯丁（354年—430年）是西方基督教的奠基人之一，对这一情形的发展产生了至关重要的影响。他的一些不成形的学说，被发展为后来的一个重要教条——"原罪"。"原罪"的观点将《创世记》中所叙述的上帝将亚当和夏娃逐出伊甸园的原因视为性。奥古斯丁宣称，如果亚当和夏娃没有沦丧于肉体的欲望，那么天国里性的形式，只是"在伴侣的臂弯中温柔地睡去"

而已。他还认为“充满肉欲的性是上帝的敌人”。与古典时期的人们不同，奥古斯丁认为性不是由身体的热量导致的，而是由“色欲”——罪恶的欲望——导致的。人们不顾体面走向堕落，表明“肉体的堕落”战胜了道德意志的力量，而性交这一过程也沾染上了原罪的色彩。因此，奥古斯丁鼓吹禁欲。不过，从他的自传《忏悔录》中可以看出，他本人觉得对抗“色欲的肮脏”的过程并不容易。这本书中他的自我形象十分著名，他将自己描绘为一个向上帝祈祷的青年，祈求上帝“赐予我一些贞洁和节制力，不过不是现在”。

由此，基督教伦理产生了一种对于性的明显敌意，并进而发展为对肉欲的敌意，将其看作精神救赎的障碍，会将人类禁锢于动物的欲望之中。人类自出生开始，就被罪恶所玷污。按照加尔文的说法，一个新生的婴儿就是“罪恶的温床，在上帝面前只会是可憎可厌的”。对于古希腊和古罗马人来说，勃起的阴茎是权力的象征；相反，在奥古斯丁眼中，它象征着色欲对于人的奴役。公元3世纪的希腊神学家奥利金笔下的女性，则更是“欲望的奴隶……甚于禽兽”。

基督教对婚姻的态度是矛盾暧昧的。遵照耶稣的训示，“人到我这里来，若不爱我胜过爱自己的父母、妻子、儿女、弟兄、姐妹和自己的性命，就不能做我的门徒”(《路加福音》，14:26)，早期的基督徒本质上将家庭看成影响宗教虔诚的障碍。对于婚姻，他们则更多持怀疑态度，因为肉体的诱惑是由魔鬼操纵的，会使人们处于险境。13世纪，教皇英诺森三世就明确阐述了这一矛盾：“人人都明白，即便在夫妇之间，性事也必须有肉体的骚动、情爱的热烈和欲望的气息才能进行。”新教的神学家马丁·路德对婚姻中的性行为也表达了同样的厌恶，宣称：“如果上帝要问我对于这件事的意见，我会建议他继续通过捏泥巴让人类延续后代。”但是，教会的神父们认识到，大部分的信徒们不太可能接受基督教的独身生活理念。因此，以使徒保罗为代表的神学家将婚姻看作与物质世界之间的一种合理妥协，并称赞婚姻为社会的基石。他们宣称只要夫妇结合的主要目的是繁衍后代，并且遵循一夫一妻制，对彼此忠实，就应该对彼此尽“婚姻的义务”，即性交。比起古代世界的观点，这一观点更强调婚姻在繁衍后代方面的义务——在古代世界中，收养的孩童或成人也可以成为继承人，和婚姻繁衍的后代一样为社会所认可。因此，在基督教世界，婚姻中有性行为存在至关重要。格兰西的教会法教材（1140年）中曾记载，无性婚姻可以作为离婚的合法依据。不过，教会当权者一般会对解除婚约的要求持怀疑态度，因为有的夫妇为了挣脱婚姻的束缚会不择手段，假称对方性无能。基于这一原因，不少地区，包括英格兰，都在教会法庭中引入了由“诚实的妇女”检验丈夫一方性能力的制度。历史学家安格斯·麦克拉伦在《性无能：一部文化史》中就记载了15世纪约克和坎特伯雷教会法庭上进行的这样一次检验：

> 还是这位证人，裸露出她的胸脯，将双手在上述的火旁烤热，握住并揉搓上述这位约翰的阴茎和睾丸。接着，她拥抱并频繁地亲吻这位约翰，尽自己所能挑逗他，以让他显示出自己的阳刚之气和性能力；劝告他为了保住面子，应该在当时当地就证明自己是个男人。根据她的描述，在上述这段时间里，在她的检查和不懈的追问下，那男人的阴茎仍然不到三英寸长……既没有增一分也没有减一分。

图2 中世纪对于性无能的检查，后来成为终结婚姻契约的合法依据。

奥古斯丁认为“对于很多人来说，完全的禁欲比完美地控制欲望更容易”。基于此，基督教婚姻被视作是退一步的选择，不如独身和其他禁欲行为。一些早期的教会神父，如奥利金，为了与色欲斗争，让其不致祸害自己的信仰，采取了自我阉割的极端行为。尽管这一做法在大众中从未十分流行，但到了公元4世纪，这种以自我阉割来体现基督教纯洁性的做法，还是引起了教会上层的警觉，他们开始在各类教会条规中谴责这一行为，并将其斥为异端。还有其他一些人，比如公元3世纪和4世纪的“沙漠神父”安东尼和杰罗姆，选择隐退于埃及的沙漠地带。这种与物质世界隔绝的行为，被后来的修道院继承并发展为一项制度。

基于对婚姻中性行为繁衍功能的强调，以及对其他出于肉欲的性行为的反对，女性之间的同性性行为尽管很少受到法律制裁，却不断遭到教会当局的谴责与压迫。教会对于男性之间的同性性行为所持的态度却似乎更加矛盾。尽管历史学家就当时教会对男性之间性关系的宽容程度还存有争议，中世纪史专家约翰·鲍斯韦尔却记录了一些例子，表明男子之间的同性结合似乎可以经由宗教仪式得到认可。他提出这种关系在中世纪早期的拜占庭帝国司空见惯，只是在14世纪以后才遭到天主教会的压制。毫无疑问，因地域和时间的不同，对于男性之间性行为的压制也有所区别。虽然基督教伦理将鸡奸视为一种不正常的罪恶行为，但直到18世纪之前，“鸡奸”都是一个含义广泛的词，包括男人和女人的各种“违背自然”的性行为（只要是不能产生后代的性行为），包括兽交、手淫、肛交、口交、男人之间和女人之间的性行为，以及男女之间采取避孕措施的性行为。

文艺复兴时代的佛罗伦萨曾因为鸡奸行为的泛滥而声名狼藉。1432年，该城设立了“夜务庭”，其唯一职责就是对鸡奸进行制裁。据历史学家迈克尔·罗克记载，70年的时间里，1.7万名男子（当地居民总数为4万人）曾因鸡奸而受到至少一次的调查。他以法律证据证明，不仅当时佛罗伦萨的大部分男性都有此类行为，而且大部分的处罚仅仅是少量的罚款而已。与此截然不同的是，在中世纪及文艺复兴时期的很多其他城市，比如奥格斯堡、威尼斯和加尔文治下的日内瓦[①]，宗教和世俗的权力机构都对鸡奸采取了更为严厉的处罚，包括监禁、阉割，甚至砍头、饿死

① 16世纪40年代日内瓦宗教改革派掌握政权，约翰·加尔文领导宗教改革及市政工作。

图3 1619年竖立在剑桥大学凯厄斯学院的一块纪念碑。纪念的是学院的院长戈斯林和他的同性恋人莱格医生。火焰之心的图形下方刻有文字：“他们活着的时候因爱而结合；愿他们被埋葬后也能在泥土中结合；哦莱格，戈斯林的心仍与你同在。”

或在火刑柱上烧死。18世纪对于鸡奸的惩罚愈加严酷，这个词的意义也转为专指男性之间的性行为。

基督教用了一千多年的时间，在欧洲确立了统治地位。在其宗教和政治权力确立期间及确立之后，有很多不同的教派生存于教会的边缘。这些教派并不都同样强调禁欲主义。例如，据说公元2世纪的埃及诺斯底教派[①]中的一支卡波克莱特[②]派相信为了脱离俗世，人类的灵魂必须先经历一切可能的俗世体验。该派因主张性放荡主义而颇有恶名，据说他们的主张有共妻和公开裸体等。

当然，我们需要记住，在更一般的意义上而言，基督教价值观的传播并不一定意味着人们一定会以教会认可的方式生活。但在基督教中却产生了一种极具影响力的性标准模式，该模式极力将贞洁与独身主义宣扬为精神理想的最高境界和将人从俗世事物中解放出来的方式。这与很多其他宗教截然不同。举例来说，犹太教就不赞成禁欲，认为其显然违背了上帝"多生多产"的教条。基督教将禁欲、摒弃俗世、仅为繁衍后代而性交和忠实于婚姻等概念理想化，这些都赋予了性以新的文化含义：它是撒旦作恶的主要领域，因此要对其怀有畏惧和躲避之心。大部分古典医学知识都认为缺少性爱对身体健康有害，与此相反，基督教对于贞洁和禁欲的美化，却推崇了一种性秩序，即无性状态是最高的精神理想。

① 或称灵知派或灵智派。"诺斯底"一词在希腊语中意为"知识"。该教派于公元2世纪至3世纪活跃于地中海周围与中亚地区，相信通过拥有"灵知"，可使信徒脱离无知及现世。

② 公元2世纪诺斯底教派中的一支的创立者。

第二章

性存在概念的产生

只要仔细观察大城市的女性，你很快就会相信，同性恋一点都不罕见。我们几乎总是可以在女性身上发现同性恋的迹象：留短发，穿男性化的衣服，和她们的男性友人做同样的运动、玩同样的游戏；(……) 女同性恋者出没于男孩子常去的地方。(……) 她们不热爱艺术，而热爱科学，有时甚至酷爱烟酒。对于香水和蜜饯，她们则不屑一顾。

理查德·冯·卡拉夫特–艾宾，《性变态》(1886年)

性的科学

基督教将性宣布为原罪，这赋予了性以一种特殊的地位，性由此被牢固地钉在基督教道德的中心。历史与社会理论家福柯的《性史》中曾有一段著名的言论，指出了基督教道德的一个矛盾之处：在将性定义为不能提及的羞耻行为的同时，又称它是“至为高级”的罪，人们不仅要检视它的实际形式，也要检视自己脑海深处的欲望。随着天主教忏悔等仪式的逐步演进，宗教改革又敦促人们对自己的良心严格审视，基督教实际上创立了一种制度，即不断地对性进行反省，鼓励人们“供述”自己的性事“真相”。在基督教对性的道德贬低得以确立的同时，卡萨诺瓦、萨德、威尔克斯等作家，以及维多利亚时期《我的私密生活》的无名氏作者，却在书中大肆渲染他们的纵欲生活，且极尽细节。这看起来虽与时代精神冲突，但这股向公众坦白自己性事真相的潮流，本就是由基督教的忏悔模式引发的，从这一点来看，冲突就没有那么明显了。在近现代社会，这样的忏悔模式波及了社会生活的其他领域，如家庭、恋爱、医学、心理治疗、刑事司法、教育和传媒等。在这些领域，我们都被鼓励表达自己内心最深处的想法和欲望。用福柯的话来说，就是“我们从此变成了一个处在忏悔中的奇特社会”。

启蒙运动发起了对宗教教条的责难，基督教道德开始受到攻击。这时，性放荡主义文化开始在欧洲兴起，在17世纪之后更为明显，这一文化始于贵族精英阶级。在他们中间，羊肠做的避孕套和假阴茎同时流行起来。19世纪50年代以后，人们开始使用橡胶避孕套，当然其主要目的是防止男性从妓女那里染上性病，而这种避孕套对于工人阶级来说价格过于昂贵。堕胎术尽管遭到教会的反对，但在欧洲一直被广为认可，只要在妇女感觉到胎儿的生命存在，即“首次胎动”之前完成即可，一般是在怀孕的第四个月。堕胎的各种方法公开出现于19世纪的媒体上，堕胎业十分发达，直到19世纪晚些时候，大部分欧洲国家才开始采取管制措施，并宣布堕胎为犯罪。

这一时期，工业现代化的推进带来了剧烈的社会政治变化；与此相应，人们对于性的文化焦虑也进一步加强。在工业化（现代的、机械化的生产方式的发展）、城市化（工业化带来的城市中心人口比例的增加）和世俗化（近现代社会中宗教信仰的重要性的减弱）过程的联合作用下，产生了大量的城市人群。和以往任何现代化之前的传统社会相比，他们作为单独的个体所受到的社会和宗教控制都要更少。文学批评家史蒂文·马库斯就曾指出，在这样的情形下，19世纪存在着两种现象的结合：一方面，以城市地区为甚，地下卖淫活动和舞厅业十分发达，色情出版物数量激增并随处可得——这部分要归功于印刷业的发展；另一方面，人们在公开场合又必须故作正经，处于性压抑的状态。在这一背景下，人们认为现代化带来了公共和私人道德的堕落，这加剧了人们的集体不安。道德改良团体将性放荡主义描绘为对社会秩序和宗教的祸害，很多的医学文献和指导人生的书籍都警告人们：性和性传播疾病会对健康造成危害。

西方文化后来又对手淫或《圣经》中所说的“俄南之罪”①产生了强烈的兴趣。最早引发人们关注的，是启蒙运动早年间（1712年左右）伦敦街头出现的一本无名氏所著的畅销小册子，名叫《手淫，或自渎的邪恶罪行，以及它的可怕后果，适用于男性和女性，并为那些因已采取这一可耻行为而受伤的人提供精神和身体指导》。作者宣称，他最初以为可以用精神指导劝说人们放弃这一“与自我的肮脏交易”，但却渐渐发现，自己无意中发明并以高价出售的含有“猛烈药剂”和“强劲粉末”的药方，对此类行为产生的医疗效果，要比精神劝服好得多。虽然只是江湖庸医的言辞，但这本书却有着重要的意义。托马斯·拉克尔在《孤独的性：一部手淫文化史》（2003年）一书中提到，它改变了以往宗教对于手淫的理解，认为它不是一个道德缺陷，而只是一种因忽视“自渎”给个人健康带来的可怕后果而引发的医学

① 希伯来《圣经》中记载，俄南是犹大的次子。耶和华处死了俄南的兄长珥。犹太人的习惯是如果兄长死去而无子，弟弟必须娶兄嫂。俄南与兄嫂他玛发生性行为时因为不想生下不属于自己的后代，采取中断性交的办法遗精于地，因此遭到耶和华的憎恶并被杀死。从维多利亚时期起，人们用“俄南之罪”代指手淫及中断性交的行为。

问题。随后，启蒙运动的代表人物热切地接过了这一话题。18世纪的瑞士名医塞缪尔·蒂索曾于1760年出版了广为流传的《俄南癖》一书。由于此书的影响，启蒙运动的卓越科学典籍、狄德罗主编的《百科全书》，也将手淫这一话题收录其中。伏尔泰也抓住蒂索将手淫医学化的契机，进一步攻击神职人员，认为违背天性的禁欲，让他们对这样的一种私下乐趣情有独钟。卢梭在其旨在教育青年人的著作《爱弥儿》(1762年)一书中，也同样对这一行为的可怕后果提出了警戒。

手淫一直被认为和很多顽疾有关，比如精神疲劳、视力模糊、记忆力差、失明、风湿、痛风、疯癫、淋病、癫痫、性无能和各种性偏常。到了19世纪中期，医学上有了“遗精”这一概念，其症状包括神经性无力和整体功能丧失，原因就是手淫让人失去了“过多”的精子。对抗手淫的活动也应运而生，人们提出各种治疗方式，包括休息、登山、泡健康温泉、剧烈运动、洗冷水澡和用贞节带，甚至运用复杂的电气设备对手淫者进行电击，使其放弃手淫的念头。

女性的手淫则被看作更加不正常，因为在当时的环境下，关于女性性存在的正统观念认为，女性比男性的“兽欲”要少。而且，当时的观念是女性的体质比男性的要虚弱。因此人们认为女性手淫对其健康的威胁更大，针对其进行治疗的极端手段常常包含手术，如阴蒂切除术（将女性的部分或大部分生殖器官切除）。更多的人则认为，不仅成年女性，而且少年人（不论男女）更热衷于手淫。这也反映了当时人们的一种臆测，即儿童因为受教育较少的缘故，比成年人具有更多的本性，是对性更具有欲望的生物，必须通过教化来监控他们的性欲——弗洛伊德对于童年性欲的解读则更为极端，进一步强调了幼儿的性欲本质（见

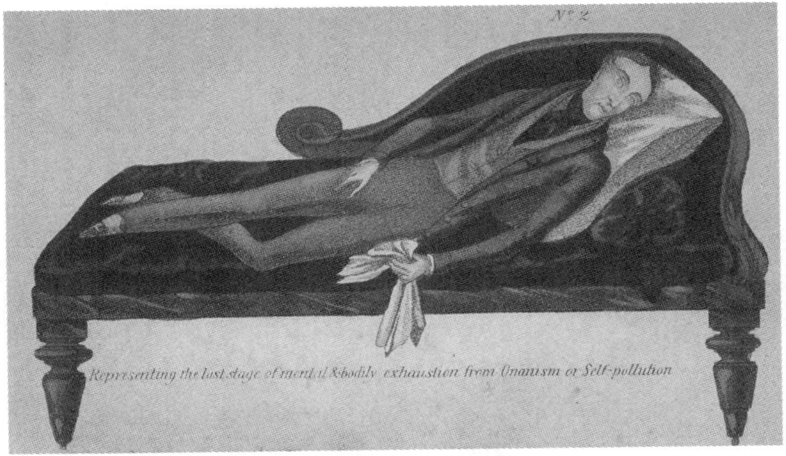

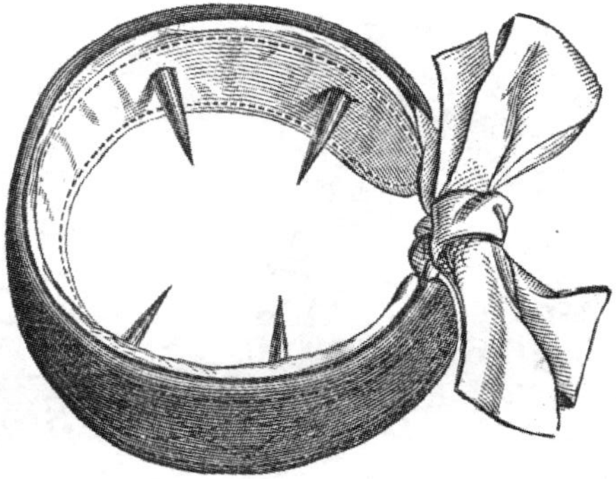

带有四根尖刺的阴茎环

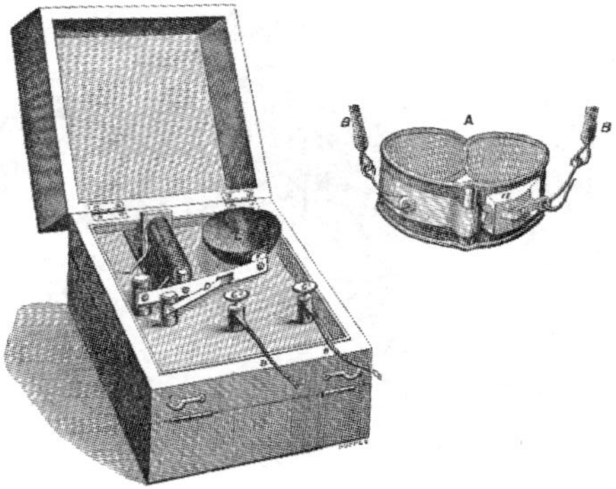

图4 维多利亚时代对抗手淫的工具：阴茎环。对手淫者进行电击的机器。一幅警示手淫危害身心的宣传画。1845年起。

图5 16世纪给女性用的带挂锁的贞节带。维多利亚时代的贞节带也是依据此类款式制成的，但其目的不是为了防止女性不忠，而是为了不让她们手淫。

第49页）。

在前工业化时代的欧洲社会，性行为主要属于道德和宗教问题，被归入与罪恶有关的范畴。但从18世纪晚期以后，近代思潮带来了社会变革，启蒙运动又促使人们远离宗教蒙昧主义，向宗教和理性这一对双生女神迈进。这让人们开始以新的方式对性进行思考，将其纳入科学研究的对象范畴。对于性的现代化解读，可以追溯到19世纪末20世纪初关于性的科学（“性学”）的诞生。性成为了科学研究，特别是医学和社会学研究的对象。达尔文主义对新生的社会科学学科产生了举足轻重的影响。达尔文认为“性选择”[①]是进化的关键，这一观点成为现代性科学发展的主要推动力。基于性选择这一概念，科学家们开展了一系列的研究，一开始便从遗传、退化、种群等问题入手。性研究的另一个主要驱动力是人们对于公众健康问题的日益关注，其焦点是卖淫活动、个人卫生和性病。性研究发展的同时，国家对于性行为的干预也日益增多，两者密不可分。这体现了当时的社会和政治焦点，以及当时主要依据阶级和性别而形成的社会等级关系。

在这一背景下，性存在的概念诞生了。根据《牛津英语词典》，“性存在”这一名词在1879年进入了英语语言，其当代意义是“对性能量的拥有状态，或对性进行感受的能力”。法语中首次出现与此相对应的概念，是名不见经传的小说家佩拉当在他1884年出版的色情小说《至恶》中写过“如酗酒的野兽般的性存在”这样的句子。性存在这一新概念，将性严格限定在自然和生物范畴，认为它既是一个科学研究领域，也是一种主观经验。性学将性纳入身体和精神疾病与退化的医学分类范畴，取代了以往宗教不加区分地将性归入罪恶的做法。在这一过程中，性的社会意义大为改变。正如社会学家杰弗里·威克斯所说：

---

① 达尔文于1871年所创立的学说。他认为，鹿的角、鸟的美羽夸耀行为和鸣声、狮子的鬃毛、男性的胡须等的起源用普通的自然选择是难以说明的，这些性状是为了向异性显示魅力，是在异性选择配偶的过程中发展起来的。达尔文称此为性选择。

性学不但在构建一个新的知识世界，而且也在不断拓展这一世界，由此也赋予了“性”这个词新的意义。

在整个19世纪和20世纪，性存在的各种生物模型主宰着性科学。这些模型将性行为概念化为自然的、生物的欲望的结果，这些欲望是形成各种社会经验的基础。人们将繁殖后代的本能假定为生物的自然本质形态，并根据是否符合这一标准来定义性常态和性变态。当时的人们将性看作一种本能的、具有巨大潜力的力量，认为其有引发社会秩序混乱的可能。两位19世纪的苏格兰生物学家格迪思和汤姆森因此提出：“对于性当中的爆发元素，要引起警觉，这种爆发元素藏于我们的本性的其他方面之中。正是出于这个原因，它即使不对我们的本性造成毁灭，也会令它根基不稳。”因此，他们认为，社会应当通过道德管制、性教育和立法，对性本能加以监督。

性学的先驱们，诸如德国的布洛赫、卡拉夫特-艾宾、赫希菲尔德、韦斯特法尔、罗勒德、莫尔和弗里德兰德，奥地利的司特科，法国的费雷和图瓦诺，瑞士的福雷尔，匈牙利的卡安和英国的埃利斯，都热衷于对偏离性常态的行为贴标签和分类，以此来研究“性反常”。他们创制了对“变态”类型的广泛分类，这些分类不但前所未闻，且愈来愈怪异，其中包括恋物癖、施虐受虐狂、异装癖（又称男扮女装癖）、雌雄同体、摩擦淫（摩擦他人）、粪便嗜好症（从排泄物中获得性快感）、恋尸癖（通过与尸体性交产生性快感）、水恋（通过水产生相关的性快感）、嗜痛癖（通过遭受或体验疼痛产生性快感）和尿色情（通过排尿产生性快感）。卡拉夫特-艾宾颇具影响力的性变态医学手册《性变态》(1886年)中曾记录了相关病例史,《英国医学杂志》的一位书评者在评论这些病例史时,认为性学者们总爱描述“最恶心的细节”。以这样的方式,性学在欧洲成为了一门跨越国别的新科学。不过,它并未形成一个内部整齐划一的学科。相反,它将代表不同组织和政治主张的科学家们重组在一起,因此性学的内部和外部都充满了争议。外界对性学的评价褒贬不一。埃利斯和布洛赫早期的作品曾被斥为淫秽作品。卡拉夫特-艾宾在《性变态》一书中描述一些性行为时,则富有策略地采用了拉丁文书写(当时曾有传闻,他这本畅销书出版之后,德国拉丁文词典的销量急剧上升)。

性存在与性别差异

性存在这一生物模型的重要特点之一,是将性别差异纳入了生物学范畴。传统的观念持“单一性别”的观点,认为女性的身体和男性的类似,只不过比男性的低级(认为女性生殖器只是男性生殖器的一个内部缩小版)。但自18世纪开始,这一观念被新的看法所取代,即男女之间具有明显的生物差异。人们开始认为女性身体的生物属性从本质上与男性的不同,而不是男性身体的低级形式。不过,性别高下的观念仍在延续。产生这一观念的原因有很多,比如人们会将女性特征与母性特征混为一谈。如19世纪的英国进化论者赫伯特·斯宾塞所说,女性之所以在智力上低于男性,是因为她们比男性更早地停止了进化,为了要将自己的能量释放出来完成繁衍后代的任务。又比如人们相信,所谓男性与女性的“细胞新陈代谢”存在着本质的区别,生物学家格迪思和汤姆森便是这一观点的有力代表。再比如随着19世纪末20世纪初荷尔蒙的发现,人们又相信男女之间的荷尔蒙有着根本的不同。这一时期，女性在生物上比男性低级这一理由，仍然是一项法律依据，继续将女性排斥在公共和政治领域之外——虽然这样的排斥遭到了越来越多的反对。不过同时，正像拉克尔所说的，人们也开始以新的视角看待自己的身体，这也让他们对性有了新的理解。人们不再将性看成是伴侣之间冷与热、主导与被动的接触，而是将其看作男人和女人这两种截然不同的生物之间的互动行为。

这时的人们认为，男性与女性之间所具有的、内在生物属性的差别，合理地决定了他们所要担当的不同的社会角色，也导致了他们会具有不同的性举止和性需求。男性的性存在被认为应当天生是进攻式的、强有力的，而女性的性存在则被认为是对男性性欲的回应，受繁殖后代和母性本能的驱使。虽然哈洛克·埃利斯等一些性学家强调女性的性存在十分重要，满足的性生活对于女性的幸福生活也十分关键，但19世纪的英国医生威廉·阿克顿的说法则代表了当时公众中的主流观念：

> 绝大多数的女人不太会因为任何形式的性欲而感到困扰。

性学家的文字常常反映出了当时的双重性道德，他们笔下的“正常”女性是被动而贞洁的，天生喜欢一夫一妻制，而男性则淫乱不堪，用卡拉夫特-艾宾的话来说，这是出于“男性本质中对于性的需求”。因此，女性“过多的”性需求则被看成是不正常的。这样的观念导致在整个19世纪，被诊断为“女性歇斯底里症”的人数大幅增长。人们认为这是一种女性因过于热情而得不到性满足才产生的精神错乱。这样的女病人常常由医生来对她们的生殖器进行人工按摩，直到其出现“歇斯底里的痉挛”（现代术语将这种现象叫作“性高潮”）。与此同时，欧美国家的温泉浴中普遍提供水按摩器材，随着电在家庭中的普及，电动振动棒也成为了开始流行的用具。医生们倡议的另一种方法是实施阴蒂切除术。在整个英国和美国，都有诊所常年提供阴蒂切除术作为治疗歇斯底里症、狂躁症、白痴、精神失常、小便失禁等疾病的手段，比如建于1858年的“伦敦贵族上流女性可治愈外科疾病手术之家”就有此类手术。在英国，流传着关于手术功效的故事：1857年的新离婚法颁布后，一些女性要求和丈夫离婚，这种行为被认为是明显的精神疾病；但是，在接受手术治疗之后，这些女人便决定让步，并回到自己的丈夫身边。这样的故事表明，人们可以用切除生殖器作为手段，对非正常的女性气质进行管束。

然而，对于女性性存在的描写，也会因女性的社会阶级和种族而有所不同。在色情文学作品如约翰·克里兰的《法妮·希尔》（1748年）和无名氏的《我的私密生活》（1888年）中，工人阶层的女性和作为“他者”的外族女性都被塑造成可以随意与人性交、性欲难以满足的人，而妓女则通常被刻画为纵欲过度、身体糜烂的人。人们认为，越是在文明的程度上处于低端，就距离“原始欲望”越近——用瑞士性学家奥古斯特·福雷尔的话说，这解释了人们为什么一般都认定妇女“通常会比男人更容易屈从于自己的本能与习惯”。人们认为工人阶层的男性和女性、非洲人、亚洲人以及犹太人（犹太人被认为是一个单独的“种族”）身上的肉欲特征更为明显，也更容易进行“不文明的”、“堕落的”性行为。

在性学的历史上，女性的性存在一直被当作问题，备受关注。当然后来的性学研究出现了相反的趋势，认为女性缺乏性欲和性快感也是一种病态。美国性学家马斯特斯和约翰逊对人类性反应进行的著名实验便是其中一例。这项研究从20世纪50年代末期延续到20世纪90年代，对几百名男性和女性在手淫和性交过程中的生理反应进行了实验观测。和很多其他的性研究者一样，马斯特斯和约翰逊观察到很多女性在性交的过程中没有高潮，因此他们在出版于1970年的畅销书《人类性功能障碍》中推介了一个新词语，即女性“性交高潮缺乏”。相对于异性恋男性的性存在而言，女性的性存在被定位为病态的性存在（尽管他们也观察到女性具有体验多次高潮的能力）。

异性恋与“性变态”

除了以生物的方式理解性别差异，性存在生物模型的另一个中心特征，是认定“自然”的性行为只包括对异性的性行为和性欲望。因此，人们将异性恋默认为标准范式，而其他行为，特别是同性恋，则被看成是对标准范式的一种偏离。现在已知的、在英语中首次采用“异性恋”一词的人是美国医生詹姆斯·G.基尔南，他在1892年的一本医学期刊上使用了这一词语，但是，他却用这个词来指为了享乐而非繁衍后代的目的、“通过不正常的满足手段”（能达到性欢愉却不致繁育后代的性行为）性交的“性变态”行为。将异性恋和对于异性的不正常（非繁衍性）的欲望相联系的趋势，一直持续到19世纪20年代。之后，人们才开始将不以繁衍为目的的对异性的渴求看作正常。

从性存在的生物模型出发的观点认为，进行变态性行为的人与其他人具有本质的区别。这是一个重要的概念革新，人们对于同性恋的看法可以阐释这一点。不可否认，同性之间的性行为在历史上一直存在，具体的行为，如鸡奸，则时而得到社会的容忍，时而遭到迫害（最严重的时期是18世纪）。但是，任何人都有从事这种罪恶行径的能力，是否从事这一行径只取决于他们的道德。福柯曾有段著名的言论指出，直到很久以后的19世纪，人们才逐渐产生了这种观点：从事“鸡奸”的人是一个单独的群体，不正常的生物本能使他们有着特殊的身份和倾向，导致他们采取了“同性恋”这一行为。用福柯的话说：

从前，鸡奸者只是行为暂时偏离轨道的人；现在，同性恋者成了一个物种。

一些历史学家曾追溯这一转变的起源，认为其出现于中世纪晚期。他们指出自17世纪和18世纪以来，一种同性恋亚文化开始在欧洲的大城市中逐渐形成。虽然如此，我们比较确定的是，19世纪对鸡奸者的重新定义（认为这是一种不一样的人格），才意味着同性恋概念的诞生。一般认为，“同性恋”一词是由出生于维也纳的匈牙利记者卡尔–马里亚·柯本尼创造的。他在1868年给卡尔·海因里希·乌尔利克斯的一封信中首次使用了这个词。乌尔利克斯是德国人，曾较早地倡导性少数派的权利。后来，在1869年反对普鲁士针对鸡奸立法的一本匿名宣传册上，柯本尼又公开使用了这一词语。最初，柯本尼将同性恋的概念与“独性恋者”（手淫的人）、“异种恋者”（与动物性交的人）区分开来，也与异性恋、常性恋(对女人有兴趣的人)区分开来。在后一种区分中，柯本尼认为异性恋者或常性恋者具有强烈的性欲，比同性恋者或兽交者的性欲更强烈，这驱使他们沉溺于过度的堕落性行为，包括乱伦、攻击“男性，但更多的是女性未成年人”，以及“对尸体采取邪恶行为”。正如历史学家乔纳森·奈德·卡茨所指出的那样，“异性恋”的概念，是随着柯本尼倡导同性恋权利而诞生的，但后来这一概念的意义又转为标榜异性恋的生物自然性和道德高尚性了，因而是“性史上绝大的讽刺之一”。

“同性恋”一词通过卡拉夫特-艾宾的推介在德国流行开来，也由于埃利斯的使用，在英国得到了普及。《牛津英语词典》提到，查尔斯·吉尔伯特·查多克通过翻译卡拉夫特-艾宾的《性变态》一书，将“同性恋”一词于1892年引入了英语语言；而此前一年，一部医学书籍就已经把这个词引入了法语。“女同性恋关系”一词首次出现于1870年，一开始与“女子互奸关系”①和“萨福关系”②混用。而“同性恋”一词早期也经历了与其他词语的竞争。倡导性权利的先驱，德国人卡尔·海因里希·乌尔利克斯曾于1862年成立了一个叫“乌拉诺斯之恋”的团体。“乌拉诺斯之恋”借自柏拉图的《会饮篇》，在此文中，柏拉图对男神乌拉诺斯所象征的“崇高的”、“神圣的”、“成年男性对未成年男子的神圣爱情”大为赞颂。在德国和维多利亚时代的英国，浪漫主义者重新发掘了古希腊传统，在这一背景下，这两个国家的许多城市也涌现出其他意在颂扬男性之间的爱情和友情的乌拉诺斯之恋团体，这些城市包括牛津和剑桥。其他一些并存的术语还有“同性恋主义者”、“希腊式恋爱者”（虽然一开始是指与男童发生性关系，但渐渐也用来指男性之间的性关系）、“相反性取向”、“颠倒性倾向”、“性倒错”、“过渡性倾向”、“第三性

① 指女性采取男性角色，与其他女性性交的女同性恋行为。

② 以古希腊抒情女诗人萨福的名字命名。萨福被认为是女同性恋者。

别”和“乌拉诺斯恋者”（也是从“乌拉诺斯之恋”衍生而来的）。

“性倒错”这一概念在19世纪尤为盛行。这一概念描述的是当时人们的一种广泛认知：对同性产生性欲的人，是受到了某种性别倒错问题的困扰，他们是男人身体里的女人，或女人身体里的男人（虽然性倒错这一概念也涵盖了很多偏离常规的性别行为，比如男人着女装），甚至是第三种性别的人。人们广泛地运用性别这一放大镜来分析对同性的性欲，但针对性身份和性别之间的具体关系问题，人们的看法则不尽相同。那些支持“性倒错”一说的人认为男同性恋者是“被女性化”了，而支持希腊式恋爱模式的人则认为恰恰相反，这些人的男性特征处于过剩状态。19世纪末，随着德国的统一，同性恋在全德范围内被宣告为非法，随后便出现了世界上首次性少数派权益运动。到1902年，这一运动内部正是围绕上述问题产生了派别分化：马格努斯·赫希菲尔德捍卫第三种性别说，贝内迪克特·弗里德兰德则认为同性恋是“性别分化的进化阶梯上最高境界的、最完美的一级”，“性倒错的那一类”男同性恋者拥有过强的男性性征，他们比异性恋男子有着更高的领导能力和英雄气概。

在上述两种对立的观念下，同性恋的男子和女子都被视为区别于异性恋的、具有独立生物属性的个体。他们有特定的个性特征、服饰和体态，而且据称他们会广泛聚集于大都市的中心（随着城市化进程的加速，一系列的社会动荡随之到来。在这一背景下，人们认为，和简单、“自然”的乡村相比，城市化进程的加速特别容易滋生性变态行为）。

在性存在的生物模型下，同性恋者不再被视作罪人或罪犯，而是被视作不正常的人，需要进行治疗。虽然埃利斯等一些性学家认为同性恋是与生俱来的现象而非疾病，但大部分的性学家都将这种“边缘”的性存在视作一个问题加以研究。他们还在探究如何用心理治疗、化学手段和包括阉割在内的手术“纠正”他们所谓的病理现象。《美国精神病协会诊断和数据手册》一直将同性恋正式列为一种精神疾病，这一定义被用到1973年；而世界卫生组织则将这一定义一直用到1992年。后来同性恋维权团体和持不同意见的精神病专家均提出，真正的问题并不在于同性恋本身，而是在于对同性恋的仇视，英国、俄罗斯和中华医学会精神医学分会由此分别于1994年、1999年和2001年类似地废止了将同性恋者视为精神疾病患者。

以精神病学和性学的方法纠正和治疗变态性存在的做法广泛见于文献记载。比如，一些精神分析学家，如美国的山多尔·拉多等人，在20世纪40年代就曾提出偏离异性恋的变态行为可以被“摒除”。到了20世纪五六十年代，在苏联、英国、美国、加拿大和南非等国家，人们越来越多地采取厌恶疗法来“治愈”各种性变态者，如异装癖者、恋物癖者、变性者、男同性恋者、女同性恋者等。比起女同性恋者，男同性恋者更加频繁地成为治疗目标，因为这样的治疗常常是在罪犯服刑期间进行，而女同性恋者很少会被判刑。美国性学家马斯特斯和约翰逊在1968年到1977年期间着手进行了一个把同性恋者改造为异性恋者的项目，并宣布通过六年的治疗，成功率达到了71.6%。厌恶疗法包括向“病人”展示“不当的性物体”，比如他目前的同性爱人；再给病人注射阿扑吗啡之类的化学药剂，促使其恶心呕吐，或对其进行电击，在短短几个星期的时间内，这样的治疗常常每天要进行两次或更多次。

虽然性学家们自己常常鼓吹要对那些偏离了异性恋“正常

轨道”的人们予以宽容，但他们的观念却整顿和强化了正在兴起的、对于性存在的约束。正如社会学家杰弗里·威克斯所说：

> 这一问题的矛盾之处在于，早期的性学家，虽然总体上来说是清醒的性改革者，但他们同时也成为了强有力的推动者，要整顿并潜在地控制他们力求描述的那种性行为。

的确，很多性科学的先锋都是积极的社会改革家，他们认为性的改革与社会秩序的变革是紧密相连的。举例来说，这一点在奥古斯特·福雷尔、爱德华·卡朋特、哈洛克·埃利斯、理查德·冯·卡拉夫特-艾宾、马格努斯·赫希菲尔德和伊万·布洛赫等人身上都有体现。他们积极参与政治运动，争取性少数派的权益、和平主义和女性选举权等等。在这一更加广阔的社会运动的背景下，他们参与到同时代的、高度政治化的公众辩论中，其中包括了针对性改革、性教育和歧视性立法的辩论。很多早期的性学家都将同性恋视作尤其“无害”的现象，特别是因为像奥古斯特·福雷尔说的那样，“他们反正不会有后代”。卡拉夫特-艾宾和赫希菲尔德等作家也公开发声反对反鸡奸立法。

性革命

20世纪60年代，性的问题进一步政治化。弗洛伊德派的马克思主义学者如赫伯特·马尔库塞、埃里希·弗洛姆和威尔海姆·赖希等，提出性是一种自然的、积极的力量，但这种力量却受到了资产阶级掌控下的资本主义社会的压制，他们呼吁能够改变社会秩序的性“解放”。威尔海姆·赖希是奥地利精神分析学家，20世纪二三十年代，他先成为奥地利社会民主党成员，后又加入德国共产党；四五十年代他移居美国，又成了共产主义的激烈批判者。赖希的早期作品最有影响力，在这些作品中，他试图在精神分析学说和马克思主义这两种理论之间寻找平衡。他参照了弗洛伊德学说对力比多（性能量）的强调，但却对弗洛伊德的理论提出了异议。弗洛伊德在《文明及其缺憾》（1915年）一书中曾明确指出，个体通过将力比多转移到生活中的其他方面来获得“正常”的成人身份。在弗洛伊德看来，正是因为本性受到了压制，文化才会发展；而赖希则认为，文化和本性，虽然在现代社会中呈对立关系，却应该取得妥协，达到和谐状态。赖希提出通过完全改变弗洛伊德关于性存在的学说来“修正弗洛伊德理论中的无意识学说”，并提出了他自己的“植物疗法”以及后来的“性经济”。他认为对自然的性能量的文化压制是导致所有神经症的病因。正如他在1948年所写下的：

> 我认为每个努力保留了一点天性的人，都明白这些神经症的病人身上只有一个问题：没有获得完全的、反复的性快感。

赖希认为完全的“高潮能力”是一种“生殖器官的快感”，是一种生物性的能力，但他也指出这种让生殖器获得快感的天生的能力，已经被社会所毁灭。他宣称：“性经济学家懂得人类是唯一一种摧毁了自己的自然性功能的生物，这也正是人类的痛苦所在。”用他的话来说，性存在就是“生命的能量本身”，而且无处不在，因此性高潮能力的毁灭就显得尤为严重。实际上，赖希认为近现代社会中大部分人都饱受性压抑之苦，正如他所写下的：

> 没有一个神经症的患者拥有性高潮能力。这一事实所导致的必然结果是，大部分的人都会遭受性格神经症之苦。

由此，赖希在他最有影响力的几部作品中，分析了社会将个体变为神经症患者的各种方式。他首先将这种“大规模神经症”的病因归咎于资本主义，然后又归咎于专制社会。他在最后一部著作中又认为，罪魁祸首是任何压制生物性的生命能量的社会制度。他特别批评了化身为核心家庭模式的“专制主义强制家庭”制度，因为在赖希的眼中它复制了一个微型的国家专制主义机构，维持了父权制对于女性的社会压迫、经济压迫和性压迫。赖希反对强制的一夫一妻制，认为其制造了无数对不幸福的夫妇；他亦反对家庭内部妇女和孩子在经济上所处的从属地位，认为家庭是对儿童和青少年符合天性的性探索进行社会压迫的中心力量。赖希呼吁进行一场“性革命”，将性从被社会压迫的状态中解放出来——他认为，如果不彻底推翻当前的社会和政治秩序，这样的革命是不可能发生的。在1930年出版的著作《性革命》一书的第二版序言中，他写道：

> 专制主义的社会秩序和社会的性压迫密不可分，而革命性的“道德”也和需要和性需求的满足相联系。

赖希早期关于性经济的概念主要是性学和心理学方面的，到了后期，他将其修正为“奥根能量学”，即对于“生命能量”的研究。赖希于1939年移居美国后，在缅因州的郊区设立了一个叫作“奥根能”的研究机构。一直以来他都坚称“生殖器的性功能”是生命能量的中心源泉，此时他又宣布通过观察发现了所有生命的源泉：宇宙的奥根能。赖希从社会学和人类学的方法转向了自然科学的方法来研究生命能量，并且把“生命能量的粒子”叫作“生力”，把毁坏粒子叫作“死亡生命力”或“死力”，认为这些都可以通过实验观察到。他“发现”了无意识的化学分子式，发明了爆云器，声称其可以利用奥根能制造降雨。这些行为和言论均在挑战他最狂热的追随者对他的耐心。他最具争议的一项发明，是名叫“奥根箱”的能量聚拢器。他声称他可以向坐在这些箱子里的人输送宇宙奥根能。他宣布奥根能可以解放人们的“生物能量”，认为正是因为现代社会人们的生物能量受到阻滞，才导致了“高潮焦虑”以及包括癌症在内的一系列疾病。

不过，奥根聚拢器给赖希带来了麻烦，美国食品和药品监督管理局找上了他。因为奥根聚拢器宣称的医疗效果有欺诈的嫌疑，有关部门对此展开了调查。结果，食品和药品监督管理局对这一产品发起了正式的投诉，且一切有关“奥根能”的东西都遭到了法律禁止。赖希曾因违反这一禁令，在1956年被判入狱两年。他的书中一切与奥根能和聚拢器有关的内容都被禁止引用，与聚拢器有关的材料也被焚毁。他于此后一年死于联邦监狱。与当时的情形大为不同的是，现在，奥根聚拢器可以在网络上自由售卖。

由左翼弗洛伊德学派发起的、将性从资本主义和父权制的压迫下解放出来的呼吁，对20世纪六七十年代出现的左翼和女权主义运动，以及各种新的促进性能量释放的性爱疗法有着深刻的影响。它再现了对性存在的生物模型的理解，即性是一种被资本主义社会所压制的自然力量。

性的生物模型直到20世纪80年代之前都处于主导地位，直到今天，它仍然对性研究有着重要的理论影响，在现今性存在的进化论模型和基因角度的性研究复苏的背景下，其影响更为明显。举例来说，兰迪·桑希尔和克莱格·帕默所著的《一部强奸的自然史：性胁迫的生物基础》（2000年）与米歇尔·吉列里的《男人的阴暗面》（1999年）等书籍，将男性的性暴力，特别是强奸，概括为男性的进化本能传播其基因的结果，而海伦·费希尔的《爱的解剖：关于交配的自然历史和我们为什么有外遇》（1992年）一书，则是集中阐释了进化理论和生物理论对于两性差别的解释。不过，性存在的生物模型也遭到了来自各方的攻击，包括来自性学内部的。

对性存在的生物模型的挑战

虽然大多数早期的性学家都主要研究边缘的性现象，另一些性学家，特别是哈洛克·埃利斯，却主要研究“正常”的性行为。对于正常的性存在的研究，导致了人们对什么是生物的自然属性有了一些疑问。当时，人们仍然按照生物本质来理解性，但一些19世纪的性学家，如格迪思和汤姆森等人，却不由得注意到了所谓“自然”的性本能，实际上是千差万别的。即使是第一代的性学家也是一边接受了正统的性行为的观念，一边又部分将什么是性常态当作研究问题的。埃利斯提出，正常这一范畴反映的是社会的定义而不是自然的本能。而正常和非正常的性行为之间很可能有一片连续的中间地带，而不是简单地被一分为二。

后来的性研究包括了众多国家对人们的性态度和性行为的大规模调查和数据分析。其中最著名的例子是20世纪50年代金赛对1.2万名美国人的性行为所作的研究，以及海蒂对美国1.5万名男女20世纪70年代以来性经验的调查所作的系列报告。这些针对性态度和性行为的自然主义的量化调查的结果又一次显示："正常"和"变态"的性存在之间的区分，不像人们曾经认为的那样黑白分明。特别是金赛的研究，在20世纪50年代初曾制造了尽人皆知的丑闻，因为研究披露了37%的男性受访者曾经与其他男性有过性关系并达到高潮，其中的大部分人都认为自己是异性恋者——这样的结果在当代对性行为的调查中再平常不过。这意味着已经不能再将同性之间的性行为视为少数病态人群的变态行为。性学史上一个重要的悖论由此产生，即性存在的生物模型用自然本能、正常和反常性现象、生物性的性别差异等概念来描述性现象，但同样的研究也使其所依赖的上述分类成为了问题。因此，对于性存在的生物理解受到了来自性学话语内部的挑战，而原本促成性存在的生物理解的，正是这样的性学话语。

性的生物模型受到的另一挑战，恰恰来自其竭力描述的对象。在性科学所划定的"边缘"性现象内部，人们开始对性的意义进行实验和论辩。正如杰弗里·威克斯所指出的：

> 有了自己声音的性变态者，首先半遮半掩地出现于早期性学家的著作中，这些著作为他们提供了一个公共平台；现在他们代表自己积极发声……他们在街头政治和游说中，通过各种手册、杂志和书籍，用各种高度性感化的场景符号，用他们精心设计的语调、色彩和服饰，在大众媒体上和在家庭生活的琐碎细节中，为自己说话。

"同性恋"或"女同性恋"等分类标签也在原先分类的基础上被修正，这些修正方式具有政治上的创意，我们稍后会谈及这一问题（见第105—106页）。

对性的生物模型的第三个主要挑战来自弗洛伊德。他发展了一套无意识冲动／力比多理论，认为性欲不可以被控制和克服，而是一直存在于男人和女人身上。在这一理论框架内，他将女性歇斯底里症描述为一种女性性欲本能受到不健康的压制后产生的症状。他所撰写的《性欲三论》（1905年）一文很有影响力，文中认为性不是一种预先拥有的、已经形成的自然本能（主体可以随后从中偏离），而是一种在儿童心理发展过程中逐步建立起来的冲动。弗洛伊德提出，使儿童的模糊性欲为社会所接受，是其成长为成年人的过程中的核心步骤。用弗洛伊德学派女权主义者朱丽叶·米切尔的话说：

> 在童年时代，一切都是混乱或悖逆的；我们要进入人类社会，必须努力做到统一或“正常”。

弗洛伊德认为人类能动性被无意识的欲望所驱动，由此他将性存在置于中心的重要地位上，但他在对于歇斯底里症和神经症的个案分析中，已经偏离了生物学的解释，而是将人类文明与性压抑联系起来。

对性的生物模型的最后一个或许也是最大的挑战，来自20世纪70年代开始的一系列社会和人文学科领域中出现的反本质主义理论视角。这些新的理论模型认为性不是一个自然的或生物的概念，而是强调性经验的社会本质。其中，福柯的观点虽然颇具争议，却很有影响。在他的经典著作《性史》中，他将性存在描述为一个“历史的工具”，其根源可以追溯到18世纪。随后古典研究学者戴维·哈波林、文学批评家史蒂芬·希斯以及社会学家杰弗里·威克斯、肯·普卢默等人都提出了颇具影响力的观点：要将性存在作为一项需结合其历史和文化背景的经验来理解，而这一经验是由社会权力关系所决定的。这一性存在的社会模型出现之后，性身份就不再仅仅是自然本能的表达，而是社会和政治的产物。

在这样的背景下，说异性恋、同性恋、女同性恋，甚至性存在的概念本身诞生于19世纪，就不仅仅意味着这些名词产生于那个时代（虽然它们确实是产生于那个时代）；其更深层的意义在于，近现代社会的个体体验和理解性和身份的方式，受到了与性存在这一概念工具相关的核心元素的极大影响，其中特别重要的是“自然”的性本能观点，人们曾以为这样的性本能是两性差别和性身份概念的生物基础。

正如我们所看到的，西方对性的文化理解是由三种模型决定的：道德/宗教模型、生物模型和社会模型。虽然这三种模型在历史上出现的时间有先后之分，但我们仍然要强调的重要一点是，这三种模型仍然在当今的社会中并存。对性的道德、生物学和社会学的理解，在社会、政治和我们的日常生活对于性意义的阐释中，仍然有着举足轻重的影响。这三种模型对于我们如何理解自己的性行为和性身份有着重要意义，对于个体变化和政治变革的可能性也有着重要影响。

第三章

贞女抑或荡妇？女权主义的性存在批评

倘若女权主义者还在与男性同床，她们便是在将自己最活跃的能量输送给她们的压迫者。

吉尔·约翰逊，《女同性恋国度》(1973年)

双重道德标准

在整个现代社会的历史中，女性的性存在一直处于科学与道德的特别审视之下。这也成为了女权主义斗争的焦点。第一次女权主义运动于19世纪末兴起，虽然运动的第一要务是争取女性的公民权和政治平等，但性存在也构成了批评当时性别关系的一个重要方面。当时人们以男女的生物属性为依据制定出双重的道德标准，认为男性天生好色淫乱，而女性则天生被动贞洁。女权主义者正是从这样的性别观点出发，提出女性的道德水准因此本质上要比男性的高。既然占领了道德高地，她们便发展出了一套针对男性性存在的批评，指出男性天生的贪婪性欲与性自由是女性性压迫的根源。19世纪，卖淫活动在整个欧美大肆蔓延，性病的发病率也随之增长，社会对此广为关注，当时的政治激进主义者也将矛头指向这一领域。一些女权主义者指出，男性之所以不愿意赋予女性选举权，"真正"的原因是为了维护男性对于女性的性剥削。

主要来自中上层阶级的女性激进主义者，在这一时期无数的社会运动中扮演了重要的角色。这些社会运动鼓吹更高程度的道德纯洁性以及“社会卫生”，融合了西方世界中政治左派与保守和宗教团体的主张。她们发起了反对卖淫的运动，要求终结“白奴制”，即无辜的、贫困的工人阶级女性被迫遭受不知廉耻的中产阶级男性性剥削的现象。她们主张对“堕落女性”实施“拯救”。按照道学家的观点，卖淫是一种恶行；同时，卖淫也被视作一个重要的公共健康问题。妓女被视为淋病、梅毒等男性性病的传播工具，这符合西方文化中将女性身体与疾病联系在一起的传统观念。正如莎士比亚笔下精神错乱的李尔王所说：

她们的上半身虽然是女人，
下半身却是淫荡的妖怪；
腰带以上是属于天神的，
腰带以下全是属于魔鬼的；那儿是地狱，那儿是黑暗，
那儿是火坑——吐着熊熊的烈焰，
发出熏人的恶臭，把一切烧成了灰；啐！啐！啐！呸！呸！

性病在近代也被塑造成女性文化形象的一部分，如法国人便将梅毒叫作“梅毒女士”。梅毒在15世纪晚期出现于欧洲，可能是由水手从美洲大陆返航时带回的，在欧洲大陆蔓延成灾。人们对梅毒产生了集体恐慌，将其描述为一种源自“外部”，特别是外国人身上的东西。这体现了性病在更广泛意义上的文化含义：它意味着本国的健康男性躯体为染病的女性和外国人的身体所污染。正如医书作者卢埃林-琼斯所指出的那样：

随着各国的人相继染上梅毒，大家都想把这种新的、可怕的疾病归咎于自己的邻国。意大利人将它称作西班牙病。法国人于1495年最先染上此病，他们将其称为意大利病或那不勒斯病……1497年，梅毒传入英国，英国人把它叫作法国病……1505年，梅毒传入中国，一年后传到日本，在那里，它被叫作“中国病”或“葡萄牙病”。

性传播疾病与外来侵略和叛国相联系。在第一次和第二次世界大战期间，妓女常常被视为“帮助敌方”的人，她们将疾病传播给爱国士兵。二战时的英国有一张广为流传的宣传画，画上是一个如骷髅的妓女，与希特勒和裕仁天皇勾肩搭背，宣传画的标题是《三者中最可怕的是性病》。在美国，一战期间有数以千计的涉嫌卖淫者被关进拘留营。马格努斯·赫希菲尔德所著的《世界大战中的性史》（1941年）一书中也记载，1915年德国军队曾在数个占领区发布法令，对明知自己患有性病，却仍与士兵发生性关系的女性加以制裁，最高可处以一年监禁。

由于担心性病会让男性失去军事战斗力，许多国家从19世纪开始对卖淫活动加以管制，以遏制性病的传播势头。当局并未对嫖客采取任何管束，以防他们将性病传播给妓女；但妓女却要接受强制的医学检查，如果被发现患有传染性性病，就会继而接受监禁或强制入院治疗。19世纪的欧洲民间流行一种迷信说法，认为与童贞的处女性交可以治愈性病。儿童卖淫的现象在欧洲和其他地方更加普遍，当然，女童的处女身份常常是伪造的，目的是为了将她反复卖出更高的价格。记者W.T.斯特德1885年曾在《帕摩街晚报》上发表了一系列报道，以极其形象的方式描述了伦敦妓院中被囚禁和售卖的女童的生活，该报道成为当时一条国际性的丑闻。这一系列的文章题为《摩登巴比伦的女童祭》，揭露了一个地下性交易的世界，中上层阶级的绅士们在“饱受色欲与兽行折磨的受害者的哭声中”寻欢作乐。这一系列的报道促使英国在1885年出台了刑法修正案令，将嫖娼列为非法行为，并将女孩的性行为最低合法年龄从13岁提高到16岁。

19世纪的女权主义反卖淫活动家与基督教团体一起，联合呼吁各国不要规范卖淫活动，而要从根本上将其取缔。他们提出，如果国家对卖淫进行规范，将其制度化，就意味着国家“充当了皮条客”。1875年，“英国和欧洲大陆关于取缔政府调控恶行同盟”创立，一项声势浩大的国际行动得以开展，该行动呼吁取缔卖淫活动。这一行动的议程上有一项迫切任务，即反对以卖淫活动为目的的跨境妇女贩卖。这也反映了当时由于外来移民方式增加而引发的大规模社会恐慌。1904年，第一个“遏制白奴贩卖国际协议”获得通过，此后大多数西方国家逐渐立法取缔妓院。

第一次女权主义的浪潮利用性存在的道德和生物模型，呼吁人们保护女性，使之免于遭受男性色欲带来的灾难性后果。他们将女性的角色定位为公共和个人道德的守卫者，这就再现了被当时社会普遍认同的女性形象，这一形象基于这样的理念：值得尊敬的女性，须婚前坚守贞操，婚后对丈夫忠贞；而淫乱的女性则因不道德、“堕落”的行为而在字面和比喻意义上均成了“荡妇”。

自由恋爱

不过，不是所有的女权主义者都认同这种关于女性性存在的二元观点。无数著名的女权主义思想家均参与到19世纪激进的性改革运动中来，这样的运动主张女性应当和男性一样享有更高程度的性自由。自由主义和无政府主义的思想家们纷纷谴责反淫秽和反同性恋法律，呼吁公开避孕信息和允许堕胎，号召人们在自由选择伴侣的前提下，与平等的伴侣“自由恋爱”。虽然大多数主张自由恋爱的思想家主张一夫一妻制，但他们反对建立在男性对女性经济和身体掠夺基础上的婚姻契约。这延续了玛丽·沃斯通克拉夫特等女权主义先驱对当时婚姻制度的攻击。自由恋爱的推崇者包括自由思想家、无政府主义者和社会主义女权主义者，比如美国的埃玛·戈德曼和莉莲·哈曼，以及日本的伊藤野枝，伊藤和她的男性情人于1923年被日本军警杀害。德国的“进步女性联盟团体”倡议女性罢婚，鼓吹女性和男性一样有权享受性的乐趣。成立于1893年的“英国私生子女合法化联合会”的初衷是捍卫非婚生子女的权利，之后也呼吁“人类最崇高的两种关系——爱与自由”应当相互结合。亚历山德拉·柯伦泰是苏联早期最著名的女性共产主义革命家，她于1919年创立了妇女部（布尔什维克党中央委员会妇女部），她曾提出家庭和国家一样，是一种资本主义的制度，最终会随着“地球上的天堂”——社会主义——的发展而消亡。她于1920年写下了这样的文字：“家庭对于其成员和整个国家来说，都正在失去存在的必要性。”在1920年所写的《共产主义与家庭》一文中，她有如下阐述：

> 和过去的婚姻奴役关系不同，共产主义社会给男性和女性提供了一种自由的结合，一种由同志精神激发的，因而牢不可破的结合。

她还认为，对女性的性剥削与资本主义制度下女性对于男性的经济依赖密不可分，因此，在光辉的共产主义未来，卖淫活动也将“自动消失”。至于性欲，她在1921年发表的《共产主义道德中的婚姻关系论》一文中写道，只要注意避免这种需求过滥，以免影响到工人的劳动生产率水平，那么它就“既不可耻也不罪恶，只是一种和饥饿、口渴一样，在每个健康的机体内都存在的自然需求”，不应当受到压制。

柯伦泰的观点在列宁那里受到了冷遇。资本主义社会的自由恋爱思想家也颇受主流社会妇女参政团体的敌视，因为这些组织担心鼓吹性解放会降低整个社会对更广范围内的女权主义运动的尊重（正如社会主义团体担心支持“自由恋爱”会使他们疏离工人阶级成员）。但是，激进的性革命者和主流的女权主义者还是取得了一定的一致看法，即女性有权拒绝男性“不合理的”性要求，有权拒绝怀孕太多次，有权成为自己身体的主人。他们倡议“自愿做母亲”。一些人认为解决这一问题的方法在于普及性教育、避孕知识与方法，而另一些人则要求男性要有更高的自我克制力和贞节意识。维多利亚时代的医生威廉·阿克顿不禁对此颇有牢骚，他于1871年写道：

> 在过去的几年中，因为对妇女权益的过分重视……数不清的丈夫们前来向我诉苦：在他们要求妻子履行义务的时候，妻子却摆出烈女的姿态。这种不屈服的态度已经让人无法忍受。

在当时，堕胎是非法的，避孕方法也基本不可靠，死于难产和非法堕胎的女性人数居高不下，而且女性又在极大程度上依赖于男性。基于当时的这种社会环境，主张自由恋爱的女权主义者认为，性存在的解放是在更大范围内改变妇女地位的关键所在。

性解放

20世纪六七十年代的妇女运动，一般被称作“第二次女权主义浪潮”。这次浪潮将性存在的政治化作为中心议题，此时这一使命所面临的社会环境已截然不同。随着战后大批妇女开始就业，传统的两性关系得到了根本改变，第二次妇女运动的浪潮则产生于这样的社会背景之中。随着妇女开始从事有薪工作和获得政府福利形式的经济帮助，妇女取得了更大程度上的经济独立。在这一背景下，在更广大范围内出现了摒弃传统的潮流，从根本上改变了婚姻、家庭和性别的固有制度。总体看来，妇女，特别是中产阶级妇女对自己人生选择的掌控力大大增强。当然，不断上升的离婚率也导致了女性贫困率的增长，这种情况主要存在于单身母亲中间，在一些福利体系最薄弱的国家尤其如此。

与此同时，在控制生育领域也出现了一系列重大的社会变革。美国著名的避孕宣传家（也是优生学家）玛格丽特·桑格，于1921年创立了美国避孕联合会。她一直呼吁研发一种避孕药物，并于1950年与科学家们会面探讨其可能性。桑格还与凯瑟琳·麦考密克合作，“避孕片”的科学研发经费大部分都由麦考密克出资。到20世纪60年代，由卡尔·杰拉西研发的现代避孕药开始向西方广大民众出售。自此，人类历史上第一次出现了可靠的避孕方法，之后又出现了更多新的生育技术，比如IVF（试管婴儿），这意味着人类不仅可以避孕，而且可以通过人工而受孕。在这样的情形下，弗洛伊德的著名论断“生理结构注定人的命运”就过时了。不过，很多女权主义者最初对避孕药持怀疑和敌视态度。她们认为这是男性利用医药意欲控制女性身体的又一次图谋，其中一个重要原因就是女性刚开始大量服用这一新产品时所出现的副作用。

性交与繁殖后代这两者的分离，导致了女性性存在外部环境的根本改变，也给男性性存在带来了巨大的冲击。避孕手段的普及到底在多大程度上推进了20世纪六七十年代的性解放潮流？对这一问题的看法一直存在诸多争议，但它无疑是一个重要的前提。从荷兰、瑞典、丹麦等国开始，进而蔓延至整个欧洲大陆，性放纵的现象开始呈上升趋势，人们对于爱、性和恋爱关系也有了新的理解，这大大改变了性存在的整体概念。20世纪60年代出现了反主流文化的社会运动，其中最著名的要属美国的民权运动和以“要做爱不要作战”为口号的反战运动，以及法国、德国、荷兰、英国等国的反权威学生运动。这些运动均受到弗洛姆、赖希、马尔库塞等性解放理论家的重要影响。这些理论家们宣扬要把“自然的性欲”从资产阶级的压迫中解放出来，其后的大背景是对资本主义社会和独裁社会的反抗。

以1967年的“爱之夏”①为标志，性放纵开始呈上升趋势。按照安东尼·吉登斯等社会学家的一贯解读，这一趋势是“性别中立”的，带来的是女性更大程度上的性自主。许多女权主义者

① 1967年春假到10月间，10万名年轻人在美国旧金山海蒂–阿什博雷街区和金门公园聚集，号召以迷幻药反叛现行社会体系，抗议越战，喊出“要做爱不要作战”的口号。运动于夏季达到高潮，将嬉皮士反传统运动推向了公众视野，后被称为“爱之夏”。

一开始热烈赞成性解放，将其视作女性总体解放的关键所在。20世纪60年代末开始，许多国家相继涌现出大批启蒙组织，鼓励女性探索自己的身体和能量，以获得性快感，比如性教育家贝蒂·多德森从1973年起在美国组织的“性研讨班”。多德森在《让手淫获得自由》一书中，将女性手淫视为一种反抗对女性的性压迫的手段。她的性研讨班引导一群裸体女人，通过自慰振动棒完成一项集体的“高潮仪式”。多德森还进一步鼓吹“乱交”，反对一夫一妻式的占有、争风吃醋和性罪恶感——这也是同时代许多其他性革命者所热烈提倡的。比如，性学家亚历克斯·康福特写过一本针对主流社会公众的性学手册《性的欢乐》（1972年），该书出版后曾风靡全球。该书的续篇《更多性的欢乐》以非常正面的描写展现了一个圈子内部成员乱交的情形。当然，书中警告人们不要和亲密的朋友或陌生人乱交（该书后来的版本则警告人们彻底摒弃乱交行为，因为会有感染艾滋病病毒的危险）。

然而，性革命一点也不像自由恋爱派女权主义者曾经想象的那样，是“平等伴侣间充满满足感的爱与性”。性革命中的文化变革主要是由男性引导的，因而在很大程度上重塑了两性之间的不平等关系，同时也宣扬了一种新的色欲范式，女权主义者认为这种新的范式更有利于男性。一些著作，如1990年出版的希拉·杰弗里斯的《反高潮：女权主义的性革命观》中便提出：回顾这场性革命，与其说它给女性带来了更多的性自由，倒不如说是满足了男性对于女性身体开放性的幻想。这些著作的作者认为，性革命的话语方式让男性对女性性存在的控制合法化了，并且让女性无法对男性的性进犯“说不”。正如女权主义作家比阿特丽克斯·坎贝尔在1980年曾写下的那样：

……性解放的时代给女性带来了一些好处，它拓宽了政治、性和空间，让女性也可以有性自由。但由于男性和女性性放纵的后果不一样，性解放仍然无法保护女性免受这种不一样的后果所带来的伤害……性解放只是对年轻男子的性存在和乱交加以肯定。(……)对性存在的肯定只是宣扬了男性气质的性存在。

性革命与某些性解放理论家们所想象的也大为不同。马尔库塞和赖希本希望通过快乐原则颠覆资本主义，而实际情况却大为不同：由于道德放松了对性的控制以及反淫秽法律和其他道德法律被纷纷取消，性的商品化趋势以前所未有的规模蔓延。各国内部和跨国的性交易数量急速攀升，在资本主义全球经济中扮演了重要角色。《性的欢乐》一书曾预言，性自由会让卖淫活动失去必要性，因为如今女性会心甘情愿免费满足男性的所有性需求了。但实际情况却是性交易的数量大幅度上升，色情出版物也是如此。因此，反对卖淫活动和色情出版物又很快回到了妇女运动的日程上来。

性高潮的政治

在更大的范围内，性的问题成为第二次女权主义浪潮的中心问题之一。一些理论家将对于女性的性压迫视为男权对于女性的压迫中最核心的部分。新的女性运动便采纳了“个人的即是政治的”这一口号，意在表达的观点是，女性的相当一部分“个人”生活，实际上都植根于女性作为一个整体在两性权力关系中所处的从属地位。一些女性启蒙组织树立了目标，要让女性进一步了解女性个体经验背后的制度基础，这些组织被视为女性采取集体政治行动的基础。“私生活”被赋予了政治意义，在这样的背景下，人们开始热烈地探讨和批判性存在这一话题。这成为了20世纪70年代以来女权主义理论和行动重要的中心组成部分。针对的具体问题包括享受性快感的权利，说“不”的权利，政治女同性恋主义，以及围绕避孕、堕胎、强奸、性虐待、色情出版物、卖淫和性骚扰等问题的辩论。从前，主流政治一向将这些问题列为“私人”领域内家庭和个体公民的问题。激进的女权主义者着手将性的话题引入政治领域，并且在总体上取得了成功。

然而，女权主义者对于性存在问题的探究并没有形成一个统一的观点。自从凯特·米利特的《性政治》（1970年）一书出版后，性问题的辩论中出现了数量繁多、观点迥异的派别。这些派别对性存在在两性权力关系中所扮演的角色持不同意见，导致了各派在对这一问题的分析上持有不同的政治立场和理论视角。一些富有影响力的社会主义女权主义者，包括齐拉·艾森斯坦、米谢勒·巴瑞特和朱丽叶·米切尔等人，和法国20世纪70年代的精神分析与政治团体，转向了马克思主义和精神分析学说，或将两者相结合，来研究性压迫及其与资本主义的关系。另一些人则反对精神分析学说，因其从根本上带有显而易见的厌女情结，他们也不同意马克思主义关于对女性的剥削会随着国家的消亡而消失这一论断，如杰曼·格里尔在《女太监》（1971年）一书中所说：“我们等不了那么久。”后来的几十年中又出现了其他的理论视角，如以后结构主义、后现代主义和后殖民主义视角来解读性别和性，这些理论视角如今正与精神分析学说以及唯物主义／后马克思主义争鸣。

在关于女性性存在的各种理论的争鸣中，性学领域是最重要的阵地之一。长久以来，性研究都将女性性存在看作是对男性本能的简单回应，这一点我们在第二章中已经讨论过。美国性学家金赛则将女性性存在作为一个独立的研究对象加以研究，这就为研究和解读男性和女性性存在开辟了新的路径。以后众多的性学家，如马斯特斯、约翰逊、费希尔、开普兰、雪菲和海蒂，以及弗蕾迪关于男性和女性性幻想的畅销小说，都是从这一视角出发进行进一步探寻的。女性性存在研究的焦点之一，是女性性高潮与女性生理结构之间关系的争议。马斯特斯和约翰逊在20世纪60年代曾对超过1万名男性和女性做过关于性高潮的实验观察，结果显示女性几乎具有用之不竭的性高潮能力，这一结论受到了方兴未艾的女性运动的热烈欢迎。马斯特斯和约翰逊曾称自己和女权主义"没有一丁点关系"，几年后，他们在1970年出版的作品《愉悦的结合》中，却将女性解放与性解放相提并论，反对双重道德标准，声称这样的双重标准更多地要求女性而不是男性压制自己的性欲。上述两位性学家重新提出了阴蒂在女性性快感中的重要性，而此前的不少性科学都强调阴道高潮更为"自然"（有些精神分析学派还声称阴道高潮体现了更高程度的性成熟）。举例来说，弗洛伊德理论在法国最为著名的推广者玛丽·波拿巴，就在20世纪50年代提出以手术手段使阴蒂更贴近阴道，来治愈性冷淡。她认为通过这一手段，可以改造"有缺陷的"女性生理构造，使其更符合弗洛伊德学说所谓的"成熟"性存在。性学家弗兰克·卡普利欧在1963年出版的《性能力充足的女人》一书中表达的观点，代表了当时大多数人的看法：

……如果一个女人的丈夫性能力充足，而这个女性却不能通过性交达到高潮，而且在所有性活动中最喜欢被刺激阴蒂，那就可以判定她患有性冷淡，需要接受精神治疗。

1970年安妮·寇伊德发表了颇具影响力的《阴道高潮之谜》一文，率先发起了女权主义对上述观点的批判。她提出：

这样的观点是以女性是否能取悦男性来定义她们的性能力的。它没有对我们自身的生物特性加以分析，而只是扔给我们一个有关自由女性及其所具有的阴道高潮的谜团——而这样的高潮实际根本不存在。

寇伊德驳斥说，声称自己具有阴道高潮的女性，要么是在假装，要么是"不明所以"。因此，精神分析学派和性科学对于阴道高潮的一贯强调代表了男性对女性性存在的压迫，并成为了性的政治化中一个重要的议题。性高潮所涉及的性别政治，在女权主义性学家雪儿·海蒂的作品中占据了尤为重要的地位。她的一系列关于男性和女性性存在的研究书籍成为了全球畅销的读物，特别是《海蒂性学报告：女人篇》（1976年）和《海蒂性学报告：男人篇》（1981年）这两本书。海蒂在报告中这样描述女性性存在：

缺乏性快感是女性遭受压迫的另一标志。

海蒂的报告基于对男性和女性的大规模性调查。这一调查的结果引起了热烈的争议。其中有一项针对女性的调查发现"这项研究中只有约30%的女性能够经常地从性交中获得高潮"，这一结果本身并不新鲜。过去的性科学一直坚持认为许多女性似乎对性交缺乏热情，金赛、马斯特斯、约翰逊和其他一些人在此之前也做过调查，均已发现大多数女性不能单凭性交获得高潮。不过，海蒂却以她的调查结果质疑了主流性学对性存在的观点：性存在等同于男女之间的性交，因此结论是，大多数女性都是“性冷淡”的。

海蒂的主要批评目标就是马斯特斯和约翰逊等人。虽然马斯特斯和约翰逊也曾重新认定了阴蒂高潮的价值，但他们仍将“正常”的性存在定位为从性交中获得高潮。他们提出在性交的过程中，由于“有力的阴茎插入”带来的“机械摩擦力”，阴蒂会自动地受到刺激。女权主义者阿利克斯·舒尔曼对上述说法的评价是：“我猜想，每当一个男人走一步路，他的阴茎也会自动地受到来自内裤的同样的‘刺激’吧。”针对那些不能从“自然”模式中获得性快感的男人和女人，马斯特斯和约翰逊率先创制了一些新的性治疗方案，旨在教会他们的研究对象通过“回归性的自然环境”来克服“功能障碍”，也就是训练他们通过性交来获得高潮。根据马斯特斯自己的估测，在《人类性缺乏》一书出版后的五年内，美国成立了3500家到5000家提供性问题治疗方案的诊所。马斯特斯和约翰逊给这些诊所中的性治疗方法带来了革命性的变革。他们为所谓“极度脆弱的、未婚的”男性提供替代的女性性伴侣，以治疗他们的男性“性缺乏”。但是，他们却没有为性缺乏的未婚女性提供替代的男性性伴侣，理由是这会与当时的“性价值观体系”水火不容。后来由于有一位身为人妻的女人自愿充当别人的替代的性伴侣，她丈夫由此愤怒地起诉了马斯特斯等人，他们之后就完全停止了使用替代的性伴侣的做法。

海蒂指出，大多数女性都完全拥有体验性高潮的能力，只不过这种高潮不是通过性交实现的。她声称，她调查中的大多数女性的确都可以通过刺激自己的身体获取性快感。海蒂还写道："82%的女性声称自己会手淫，在这些人中，有95%的女性称只要她们自己愿意，随时可以轻易地、频繁地获得高潮。"因此，女性并没有马斯特斯和约翰逊所定义的女性"性交高潮缺乏"的问题，真正的问题在于社会对于性标准范式的定义方式。在海蒂看来：

> 无论何时，只要女性愿意，她们都可以轻易地、愉快地获得性高潮（很多女人可以一连多次）。这一事实毫无疑问地证明了女性知道如何享受身体带来的快乐，不需要有其他人来指导她们。女性的性存在本身并没有问题（"功能障碍"），问题在于社会对于性的定义，以及这一定义赋予女性的从属角色。

海蒂宣称，女性发现自己处于男性的"性奴役"之中，需要满足对方的性快感，却忽略了自己的需求。她将性科学中的生物模型与男权对于女性的整体压迫等同起来，提出：

> 事实就是，女性在性生活中扮演的角色，和女性在生活各个领域中扮演的角色一样，都是为了满足他人——男人和孩子——的需要。女性直到近年来才认识到自己从整体上受到压迫的地位。同样，大多数女性几乎从未意识到自己生活中受到的性奴役——这一奴役基于一种据说是亘古不变的生物冲动。（……）我们的性和身体的关系是由文化特性（而不是生物

特性）定义的，可以被重新定义，或者被推翻。

相比之下，海蒂借助性的社会模型提出了这样的观点：

我们的文化中，性关系的主流模式是剥削和压迫女性的。该模式将女性的一切性欲表达排除在外，除非她们的表达迎合了男性的需要。

以此为基础，海蒂改变了对女性缺乏性热情的解释。传统的解释是，这是女性性压抑的一种表现，她们需要从这种压抑中被“解放”出来。海蒂则将其解释为“拒绝参与一项她们没有以平等身份参与创制的制度”的政治行动。在针对男性性存在的报告中，她明确地将这一行动比作甘地针对英国对印度的统治发起的消极抵抗运动[①]。

海蒂以科学这一武器来批驳性科学所认定的“性真理”：她以自己的“科学”数据和方法的权威性，来论证她结论的合理性。不过，她的作品仍然受到了其他性学家的严厉攻击，如《金赛报告》的作者之一瓦戴尔·波默罗伊，就质疑海蒂的方法论带有“政治偏见”和“女性解放的偏见”。简·加洛普等一些女权主义者也批评她的“科学幻想”：海蒂对于她作品的科学性质的强调，让她不可避免地采取了和男性性学家一样的“男性立场”。

一些女权主义者发起呼吁，要求对异性之间的性关系作出变革。她们谴责这样的性关系是将男性的性需求放在首位，同时呼吁改善与男性的性生活，将阴蒂称作女性最好的新朋友。

① 即非暴力不合作运动。

但另一些人却选择了另一条道路，即为“政治女同性恋主义”而战斗。20世纪70年代初，泰-格雷丝·阿特金森曾提出，女权主义是一个口号，而女同性恋主义才是一项行动。作家希拉·杰弗里斯等人便是这一主张的追随者。希拉是“利兹革命女权主义团体”的成员，她主张，只要男性和女性之间仍然存在不平等，女性就应当彻底断绝和男性之间的关系。希拉等人认为这样做可以促进女性之间的团结，当然这并不是要求女性之间发生性关系。利兹团体如是说：

> 我们的的确确认为所有的女权主义者可以，而且应当是政治上的女同性恋者。我们对于政治女同性恋者的定义是，通过女性达到自我认同、不与男人性交的女性。这一定义并不意味着她们一定要与女人发生性关系。

政治女同性恋者宣称女同性恋主义是一个“政治选择”，而不是一个由生物属性决定的性身份，她们由此开始推广一种性存在的社会模型的政治版本。她们提出，性身份不仅仅由文化、社会和历史背景所定义，它还是一个自愿的政治选择问题。正如利兹团体所宣称的那样，“男性对于女性的根本压迫，正是通过性存在来维系的”，因而政治女同性恋主义是反抗男权过程中的一个关键的政治手段：

> 男性是敌人，异性恋的女性则是敌人的帮凶。

由此，希拉·杰弗里斯和阿德里安·里奇等作家将女同性恋主义视为对于男权的反抗，它并不要求女人之间发生肉体关系。

里奇曾于1980年撰文《强制的异性恋关系与女同性恋的存在》，宣扬“女同性恋统一体”的概念。在这个统一体内，所有女性可以共享“女性认同的不同经验”，包括各种“共同反抗男性暴政”的体验，甚至肉体关系。里奇和杰弗里斯不同，她并不主张异性恋的女性变为女同性恋者。“女同性恋统一体”的概念后来成为一种寻求广大女性之间团结性的很有影响力的方法，让异性恋和同性恋的女性可以结成同盟。

与此相反，妇女运动阵营内的其他一些人则宣扬“女同性恋分离主义”，也就是不仅拒绝与和男人有关的女人生活，而且拒绝与和异性恋有关的女人生活。她们声称异性恋的女性通过和男性发生性关系而助纣为虐，难辞其咎。1971年，美国“激进女同性恋者”团体写下了女同性恋分离主义运动中最著名的口号“通过其他女性取得自我认同”。她们说：“我们的能量要流向我们的姐妹身上，而不是流回我们的压迫者身上。”这样的团体在西方国家雨后春笋般地涌现，如美国的“芝加哥女同性恋解放组织”、“女同性恋分离者团体”、“男性角色女同性恋”团体和“国际女同性恋集体威力”组织，还有昙花一现的法国的“激进女同性恋者阵线”等。然而，和更广大的女性运动相比它们只是少数派，并且遭到了其他女权主义者的敌视。女权主义者们排斥分离主义者“我们比你们圣洁”的态度，或者用琳恩·西格尔的话说，“和阴茎过不去的态度”。在法国，针对女同性恋分离主义的争议留下了一笔财富，即著名女性期刊《女权主义的问题》的创立。该期刊由包括科莱·卡皮唐·彼得、克里斯蒂娜·德尔菲、伊曼纽尔·德·莱塞普、尼可–克劳德·马修和莫尼克·普拉扎在内的编辑群体于1977年创立（后来又有科莱·基约曼和莫尼克·维蒂希等人加入），处于西蒙娜·德·波伏娃的指导之下。

虽然中途离开期刊社的编辑们声称“在两性的战争中，异性恋的女权主义只是一种阶级合作”，但该期刊于1981年改版为《女权主义的全新问题》时，却登出社论，摒弃女同性恋分离主义，称其为“恐怖主义”和“极权主义”，“与女权主义的原则水火不容”，并强调“作为一个阶级，所有女性均遭到男性的压迫……女权主义就是反抗这种**共同**压迫的斗争”。

女权主义的性战争

围绕女同性恋分离主义的争议，也引起了“反色情出版物女性团体”（WAP）内部的分歧，该组织创立于1976年，创始人包括安德里亚·德沃金、雪儿·海蒂、格洛丽亚·斯泰纳姆和阿德里安·里奇等著名人物。关于色情出版物和卖淫活动的争论也引起了女权主义者内部重要而激烈的分化，这一分化在20世纪80年代日趋白热化。美国的“反对针对女性的暴力的妇女组织”、英国的“反色情出版物阵线”，还有新西兰的“反色情出版物女性团体”，将卖淫活动和色情出版物视为针对女性的总体压迫的核心部分。这完全不同于性革命对卖淫活动和色情出版物的描绘。性革命认为这些都是更大范围内的性解放的一部分。苏珊·布朗米勒、阿德里安·里奇、凯瑟琳·麦金农和苏珊·格里芬等女权主义者将色情出版物和卖淫活动定位为针对女性的暴力形式，并将性暴力视作男性整体统治地位的关键特征。

颇具争议的是，上述女权主义者对女性性剥削的批评，基于对男性性存在更广泛意义的分析基础之上，而这一分析认为暴力是全部男性性存在的基础。布朗米勒在其1975年出版的《违反我们的意志：男人、女人和强奸》一书中针对强奸的分析颇具影响力：

图6 1979年纽约街头的反色情出版物女权主义示威活动。

> 我相信，从史前时代直到现代，强奸都起着极其重要的作用。它只不过是，也恰恰是所有男性有意识地威胁女性的过程，好让女性处于恐惧的状态之中。

布朗米勒宣称，强奸是一种“针对女性的政治犯罪”，或像凯特·米利特也曾提出过的那样，是一种男权的武器。雪儿·海蒂在她关于男性性存在的报告中也曾提出：

> 当下，强迫性的身体奸淫成为一个强大的隐喻，象征了女性这一性别在我们的文化中曾遭受的强暴——无论是身体上的、情绪上的还是精神上的。

从这个角度出发，色情出版物被认为再次彰显了男性对女性的暴力，无论是色情出版物的制作过程还是它导致的后果。它教会男人以色情的眼光来看待对女性的性奴役和性虐待。安德里亚·德沃金还将这一分析拓展到了性交本身，她的这一理论很有名。她认为性主宰的情节在色情出版物中占据着核心地位，而这样的主宰也是男权社会中男性和女性性交方式的基本特征。她曾于1987年提到：

> 男性通过性交展示他主宰的领域：她的性生活、她的内在都是他作为男性可以主宰的领域。他可以将她整个占领——做她的统治者和主宰者——从而宣告了一种占为私有的权利（这种私有权是由他的性别给予的）；或者，他还可以通过不带感情地与她性交来占有她，以此表达一种男性对女

性的无须掩饰、不必礼貌的共同占有权。

德沃金的观点与八年前利兹革命女权主义团体的话很相似，她们曾写道：

只有在男性占主导地位的压迫体制下，压迫者才会真正地侵犯并统治被压迫者的身体内部。(……) 阴茎的侵入就是一个富有重大象征意义的举动，象征着压迫者侵入被压迫者的身体。

因此，这些女权主义者笔下展现的男性性存在是从根本上带有暴力性质的。德沃金将这种暴力倾向置于当下两性关系的历史背景下，凯瑟琳·麦金农批评性存在的社会建构理论掩盖了通过性虐待、强奸、嫖娼和色情出版物等更为普遍的形式对女性的压迫。昙花一现的女性组织“反对性行为女性同盟”，在20世纪80年代末采取这种分析视角得出了这样一种可能的结论：

目前的性行为模式让我们没有退路，除非我们彻底退出……除了男性至上的模式，我们不知道其他的性模式。……我们将性高潮视为对于性的重要认知，我们因而也批评其对于女性的压迫。

然而，并非所有的女权主义者都同意这样的观点。艾伦·威利斯、盖尔·鲁宾、祖西·布莱特、琳恩·西格尔、卡罗尔·奎因和卡罗尔·万斯等批评家开始将自己标榜为“赞成性行为”的女权主义者，这与反色情出版物和反卖淫活动的圣战中弥漫的、女权主义者对性的明显否定态度完全相反。这些批评家攻击反色情出版物运动，认为其在对色情出版物进行分析时存在问题，比如没有区分暴力的、仇视女性的色情出版物和由女同性恋者制作的、女同性恋题材的色情出版物，看问题过于简单化。对于一些对性的"悲观"看法——女性在性交过程中的快感只是被男性洗脑的结果——她们也持拒斥态度。对于反色情出版物激进主义者试图采取法律手段禁止色情出版物，她们也表示反对。她们还谴责反色情出版物活动家与宗教右派结成的"令人不安"的政治联盟(因为这些宗教右派同时也在反对女性和同性恋者的权益)。

在美国，20世纪80年代初成立了"女权主义反检查制度行动力量"(FACT)等组织，它们反对德沃金和麦金农等人领导的、主张立法禁止色情出版物的活动。总部位于泰国的跨国女权主义组织"反对贩卖妇女国际联盟"，反对总部位于美国的"反对贩卖妇女联盟"(CATW)提出的、取缔一切形式的卖淫活动的主张。"反对贩卖妇女联盟"呼吁自愿卖淫的合法化，将自愿卖淫重新定义为一种"工作"形式，妇女可以有选择地从事这一工作，但该组织又反对一切形式的强迫卖淫和贩卖妇女活动。与此同时，在色情出版物领域工作或从事卖淫的女性也刚刚开始成立她们自己的利益团体和劳工协会，她们常常激烈反对女权主义者给她们的行为贴上从本质上侮辱女性的标签(虽然赫赫有名的色情片女星，在声名狼藉的色情片《深喉》中扮演琳达·洛夫莱斯的琳达·波曼，加入了麦金农和德沃金的阵营)。性工作者的组织采用了"性工作"这一标签，并主张她们的政治诉求应当聚焦于使性产业合法化和改善性工作者的工作条件，而不是从根本上取缔性交易。"赞成性行为"的女权主义还在世界

图7 19世纪30年代的日本性玩具。

各地，特别是在美国催生了一系列的商机，尤其是服务于女性的性玩具和音像制品的售卖。这样的产品有“神奇振动棒”、“宝贝乐园”情趣玩具、“在那里”出版社的系列读物以及女同性恋杂志《我们的背上》。

丽莎·达根和南·亨特将这种“赞成性行为”的女权主义者和反卖淫/色情出版物的女权主义者之间的斗争，称作女权主义的“性战争”，这样的战争导致了20世纪80年代之后女权主义集团内部深刻而永久性的分裂。造成这种分裂的原因之一是，两派之间的冲突不仅在于对待性交易所采取的不同的政治策略，而且在于从根本上对性存在，以及性存在与两性权力关系的内在联系的不同看法。在当时的时代背景下，女性运动被女同性恋者斥为只关心异性恋者的利益，被工人阶级的女性斥为只反映中产阶级的利益，被有色人种的女性斥为默认的白人运动。因此，从20世纪80年代开始出现了后结构主义、后殖民主义和后现代主义的性别理论，这些理论反对现存的简单的二元性别对立观点——男人是压迫者，女人是被动的受害者——认为这样的观点虽然在政治上具有煽动性，在理论上却毫无建树。

比如，美国非裔女权主义者贝尔·胡克斯就曾指出，诸如“强奸”之类的性暴力，在黑人女性的历史中占据了很大的比重，是奴隶制度的核心元素之一，对当代黑人女性情色化的形象定位仍然有着影响；用普遍的男性压迫理论来掩盖黑人女性境遇的不同，既不能解决问题，又缺乏准确性。“黑人女权主义者”这一笼统概念由此也受到了批评，因为它掩盖了内部成员文化和阶级的差异。比如美国非裔女权主义小说家艾丽斯·沃克就曾积极参与反对实施割礼的国际行动，这样的割礼如今主要在非洲大陆的各个国家、中东地区的一些地方和西方国家的移民中实行。激进的女权主义者，包括著名的美国女权主义者格洛丽亚·斯泰纳姆和罗宾·摩根，也和第三世界国家的女权主义者，如埃及的纳娃·厄尔·沙达威，联合呼吁将割礼这一行为重新定义为“女性生殖器官的切除”，将其视为针对女性的暴力形式之一。在多项国际运动的作用下，大赦国际和联合国宣布这一行为违反人权，许多西方国家和其他国家从20世纪90年代中期起也纷纷宣布其为非法。艾丽斯·沃克早期的作品曾批评白人女权主义者常常通过替黑人女性发声的方式排挤后者，她后来写出了反女性生殖器官切除的小说《拥有快乐的秘密》(1992年)，献给“无罪的阴部”，还参与制作了同样题材的纪录片《勇士的标志》。这两部作品却被指责为带有文化帝国主义和新殖民主义色彩，批评者认为她名义上是为生活在她祖先生活过的非洲土地的女性发声，实则是在运用美国种族中心主义的视角审视非洲的文化行为。推而广之，西方女权主义者均受到类似的批评：她们将目光集中于第三世界国家的文化行为，却往往忽视了对女性的生殖器官进行的手术，如“激光阴道修复术”和“时尚激光阴道整形术”是现今很多西方国家发展最为迅猛的整形术。

虽然大多数女权主义者都提倡对性别身份和女性性存在采取一种社会而非生物的理解方式，但女权主义对于性存在的观点，仍然是将女性性存在作为问题来对待，而默认男性性存在没有问题。女权主义对于男性性存在的描述和性的生物模型大同小异，想当然地认为其天生是进攻性、支配性的，有时还带有暴力色彩。女权主义批评家如琳恩·西格尔，还有一些男性气质理论家——男性气质理论是20世纪90年代蓬勃发展的一个理论阵地——却提出，不能因此认为作为个体的男性也是以这样的方式来体验自己的性存在的。如西格尔所指出的那样：

> 对于很多男性来说，他们正是在性生活中体验到了男女关系中最大的不确定性、依赖性和遵从性。这与他们在公开生活中体现出的权威性和独立性常常有天壤之别。

马斯特斯和约翰逊的著作也曾强调指出了个体的异性恋男性所体验到的高度的性焦虑、不安全感和痛苦感，而这些感受也被女权主义研究家雪儿·海蒂、温迪·霍威和苏珊·法鲁迪等女权主义者对于男性气质和男性性存在的实证分析所证实。虽然大多数女权主义的性理论都倾向于将异性恋等同于男性统治，另一些女权主义作家却更强调男性和女性各自性体验的复杂性。她们没有不加批判地接受男性统治的理论，而是强调要更密切地观察如今男性气质的转变对于男性和女性之间的关系变化意味着什么。

女权主义通过对于性存在的分析，指出异性恋、家庭和各种亲密关系中都存在着男性对女性实施的压迫，女性也在其中进行重要的政治斗争。虽然这让不少激进的女权主义者提出废除家庭（和早期亚历山德拉·柯伦泰和威尔海姆·赖希的主张如出一辙）或抵制异性恋，但其对男女亲密关系中性别权力的强调，也导致在理论上忽视了国家调节在家庭和性存在中所起的作用。不过，矛盾的是，正是在性政治的背景下，激进女权主义者对国家的作为提出了最为频繁也是最为成功的质疑，尽管其质疑的方式常常是相互冲突的。女权主义者呼吁在强奸、性骚扰、色情出版物等领域进行立法，将这些问题从私生活的领域推入到公共领域，但她们同时又反对国家干预堕胎等行为，认为女性对此拥有“私人”决定权。正如我们所看到的，关于性存在的女权主义政治也是女权主义者阵营内部激烈冲突的源头。近来，有人士呼吁对男性和女性的性存在采取区别对待的分析方式，他们指出其他形式的身份，特别是阶级和种族身份，对于理解权力关系下性经验的形成方式具有重要意义。我们在下一章中就将看到，性别、阶级和种族在国家对性的调节中也同样起着至关重要的作用。

第四章

卧室里的国家

美国现在面临的诸多复杂问题，都是不顾后果的繁衍所带来的恶果；这样的繁衍速度极具威胁性，已经超出了人类的控制。贫穷的生活和庞大的家庭往往密不可分，随处可见。那些最不适合延续我们种族的人，数量却以最快的速度增长。教会和国家还对那些养不活自己子女的人提供资助，促使他们生出更多的孩子。(……)那些本应用来改善我们文明程度的资金，却都用在那些根本就不该出生的人身上，以让他们维持温饱。

玛格丽特·桑格，约1921年

艾滋病危机

在性革命的作用下，更为便捷和可靠的避孕方法诞生了，堕胎开始合法化，道德对于性的控制也日益放松，而这一切只是前奏。20世纪60年代有了更大程度的性开放、法律自由和性实验，性不再像从前那样与罪恶和疾病联系在一起。这些变化所带来的影响十分深远，特别是对于女性来说，有史以来性一直和名誉污损、意外怀孕和难产密不可分，这一时期却完全不同了。不过现在回顾起来，欢庆伟大性机遇的时期——当然女权主义者会批评这只是掩盖了男性对女性的剥削——只持续了不到20年。从20世纪80年代初开始，艾滋病（获得性免疫缺陷综合征）

的出现，标志着人们开始逐渐远离以性存在作为取乐方式的倾向。人们之前就曾将性和危险联系在一起，现在人们再次开始忧虑性传播疾病，以及妓女和族裔、人种上的“他者”带来的性危险。这也再次使宗教模型在性政治中扮演了主要角色。

社会学家杰弗里·威克斯提出，艾滋病揭示了性革命尚未完成。一方面，性的概念仍然主要与异性恋联系在一起，这不仅体现在马斯特斯和约翰逊等性学家的性理疗实践和《性的欢乐》等畅销书中，而且体现在女权主义将性存在政治化的各个领域中（此前同性恋女权主义者就曾对此提出指责）。用希拉·杰弗里斯的话说，在这一意义上，性革命是一场异性恋的革命。另一方面，对于性的道德控制的放松，加上针对偏离常规的性存在的法律规范的弱化，使得边缘化的性行为以更为公开的方式流行开来。20世纪六七十年代，西方国家的男女同性恋“自由选择团体”以前所未有的速度增长，公开宣告了伴随性革命而来的性秩序的深刻变革，昭示了围绕少数群体权益的政治总动员时代的到来。正如威克斯所言，虽然男女同性恋者成功地建立了新的公众身份，但艾滋病危机却显示出，将同性恋和疾病与变态联系在一起的传统趋势从未彻底消退过。伴随艾滋病的到来，性的概念开始不再与解放联系在一起，而是又一次充满了焦虑和危险。美国性学家，性教育家，性咨询师，性理疗师协会(AASECT)主席特蕾莎·克伦肖就曾于1987年提出：“性革命的时代已经终结。”

西方国家对于艾滋病的态度是在当时的政治气候下形成的。在英国和美国这样的国家，20世纪80年代随着撒切尔和里根政府的上台，右翼势力开始抬头。此时，同性恋运动的激进分子开始提出了要求，女权主义对于主流定义的女性气质和女性性存在也提出了批评，右翼政党的道德纲领就是作为对上述情形的回应而形成的。20世纪60年代，性改革是由左翼政党所倡导的，而到了20世纪80年代末期，却由右翼政党提出通过国家手段促进道德水准的恢复。他们特别针对20世纪60年代的一些性解放行为（如堕胎和同性恋的合法化）以及对于反淫秽和审查制度的法律监管的放松（对于后者的抨击，得到了来自道德右派和一些反对色情出版物的女权主义派别的支持），提出了改革的目标。

据世界卫生组织和联合国艾滋病联合规划署目前的估计，自从美国疾病控制中心1981年6月5日报告首例艾滋病以来，已有超过2500万人死于这种疾病，目前世界范围内还有3860万人带着这一疾病生活。三分之一的死亡人数集中在撒哈拉沙漠以南的非洲。在博茨瓦纳、莱索托、斯威士兰和津巴布韦等国，艾滋病病毒的全国总体感染率目前已经超过了20%，局部地区估计约有超过70%的人都感染了艾滋病。这样的数字说明艾滋病已经成为人类历史上最具毁灭性的传染病之一。由于未采取保护措施的性接触是艾滋病病毒传播的主要途径（当然并不是唯一途径），艾滋病让人们重新陷入了对于性的集体恐慌，性传播疾病则处于这一恐慌的风口浪尖。由于长途运输、流动就业、旅行观光和其他形式的现代社会人口迁移加速了艾滋病病毒的传播，因此它不仅需要各个国家，而且需要国际间的迅速干预。然而，大多数政府一开始对此反应十分缓慢，因为它们最初认为这一疾病是边缘化群体，如男同性恋群体、吸毒者和少数族裔所特有的疾病。曼彻斯特警察局长詹姆斯·阿德顿在1988年说过这样的话：血友病患者等“无辜”的受害者值得同情，但淫乱的人因为“堕落的行为”而患上艾滋病，则意味着 “自作自受”。

在道德右派看来，艾滋病是整个社会放纵无序的后果。在美国，由于20世纪80年代艾滋病患者的主要群体是黑人和少数族裔，潜在的种族主义进一步影响了政府的不作为政策。在其他领域，艾滋病与黑人——特别是非洲人——的联系，也在大范围内构成了公众对艾滋病的认知，即把它当作一种由“外来人”带来的疾病。政府对于艾滋病一开始采取的政策本质上都是压迫性的，包括隔离（宗教激进主义者支持这一办法，他们将艾滋病视为神对于不道德行为的惩罚），对“高危群体”实施强制检查，恢复反鸡奸法律，以及采取其他由保守团体提出的、对于控制艾滋病效果不明的措施。保守派还敌视实施预防性性教育的提议，认为这将鼓励淫乱行为。艾滋病蔓延的头几年里，媒体还一再将其作为“同性恋瘟疫”大肆报道。

在政府行为拖延的背景下，西方国家，特别是英国和美国最初出现的预防措施，不是来自国家干预，而是来自同性恋解放运动和女权运动中形成的草根群体。一些志愿组织，如1981年在美国成立的“男同性恋健康危机”组织(GMHC)，以及主要由男同性恋激进分子成立的泰伦斯·希金斯基金会，提出了“安全性行为”的概念，率先开展预防性性教育以及对艾滋病人群的救助，一开始几乎没有国家资助。

男同性恋团体采取了不同的政治策略。比如男同性恋健康危机等组织强调自我救助，它们宣布自己的目标是为患者提供类似于家庭和朋友圈所能提供的关怀——这样的关怀至关重要，而在当时的社会，病人的亲人却往往不愿意负起这样的责任（这也体现了当时同性恋和艾滋病被广泛视为耻辱的情形）。男同性恋健康危机组织的激进派分支“艾滋病释放能量联盟”发动宣传攻势，要求对艾滋病患者开放更多的药物。他们采用了“沉默=死亡”这一口号，以及纳粹党曾经用来标记同性恋的粉色三角形这一标志，倾向于采取冲击性策略，目的在于公开给政府工作人员制造难堪，迫使其采取行动。其他一些组织，如兰姆达法律辩护基金会，则是采取了“影响性诉讼”的策略[①]——选择那些不仅是对个人有影响，而且会为后来更多的法律案件提供先例的案件——在反工作场所歧视等领域推进这一策略，目标是改善艾滋病患者的法律地位，以及更大范围内的男女同性恋者的法律地位。艾滋病所带来的健康危机，由此成为同性恋权利政治动员公开透明化的一个转折点，正如威克斯所指出的：

> 艾滋病危机所带来的影响，虽然给同性恋者带来了生存威胁，但正是这样的生存威胁，让同性恋者之间形成了团体，联系更加紧密。

性学家对于艾滋病这一流行病的反应，基本上和各国政府一样迟缓。对于采取何种政治回应才最为恰当，性学家内部产生了深刻分歧。比如，美国社会学家贾尼丝·欧文在她对美国现代性学的分析中曾写道，海伦·辛格·开普兰、特蕾莎·克伦肖以及马斯特斯和约翰逊等持保守政治立场的性学家，认为安全性行为是一个神话而对此加以反对，她们呼吁克伦肖所说的“传统价值观的重建”。马斯特斯和约翰逊1988年还出版了意在警示世人的《危机：艾滋病时代的异性接触行为》一书，称艾滋病可以通过坐便器和餐馆的食物传染（尽管流行病专家强烈否认这

① 指那些个案价值超越本案当事人的直接诉求，能够对类似案件，对立法、司法完善和社会管理制度的改进，以及人们法律意识的转变产生较大促进作用的个案。

一说法，但这样的言论还是为“抗病毒”厕所喷雾带来了盎然商机）。他们呼吁对高危群体实行强制检查，以及以“政府行动捣毁卖淫活动”。这些持保守立场的美国性学家由此时常与宗教团体形成政治联盟，正如克伦肖在1987年所提到的：

> 我并不在意右翼领袖把性行为限制在一夫一妻的框架内是否出于宗教目的，或我们对此进行呼吁是否出于科学目的，反正结果是一样的。

然而，这样的立场遭到了其他很多性学家的激烈反对，他们中的很多人开始积极参与安全性行为材料的编纂和咨询。

政府对于艾滋病的回应

20世纪80年代末，大多数西方国家的政府才意识到对艾滋病进行干预的紧迫性，这一迟来的觉醒部分源于异性恋者感染艾滋病的数目也在不断增长。然而，各个国家采取的政策力度并不相同。大多数西方国家从20世纪80年代末开始，采用海报、电视宣传和各种形式的性教育，推介艾滋病预防措施，并且从那以后每隔几年就不定期重复这些宣传。从20世纪80年代中期到90年代早期，瑞士在欧洲有着最高的艾滋病病毒感染率，这部分是因为该国相对较高的静脉毒品注射率。现在，瑞士已经被公认为欧洲最积极公开宣传艾滋病预防措施的国家。瑞士开展了一年一度的全国性艾滋病预防宣传，并全面调整了对吸毒者的政策，从警察镇压改为提供医疗救助，包括免费提供消毒针头等。这些行动的结果是，新感染艾滋病病毒的人数大幅下降。

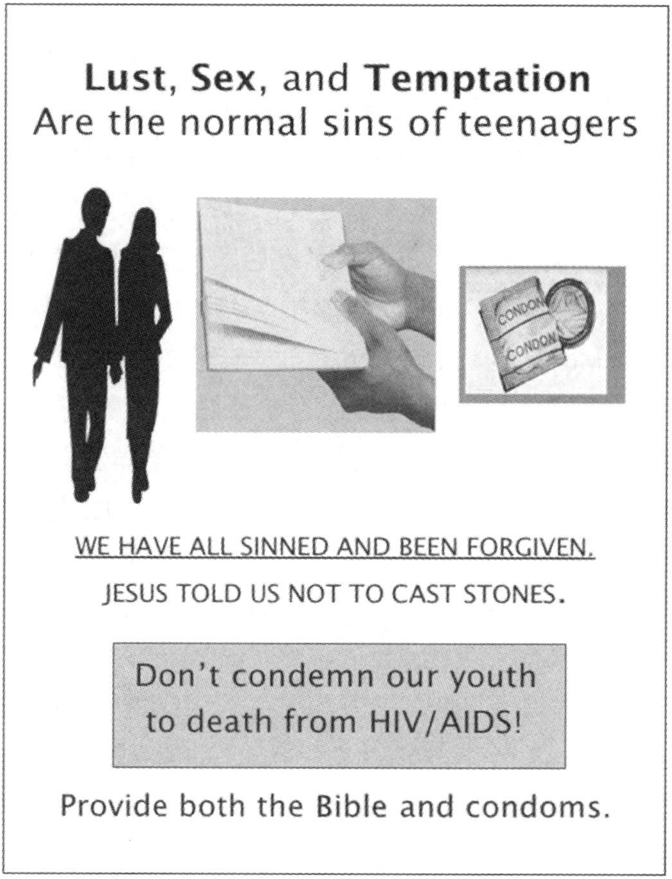

图8 一则预防艾滋病的宣传海报。

但是，围绕推广何种预防措施的争论仍在继续，性存在的宗教模型也主要针对这一领域展开干预。争论的焦点特别集中于是否推广安全套的使用。医学专家们认为安全套是除了禁欲之外最有效的保护措施，但宗教激进团体和天主教会却对此提出激烈反对，他们不同意对繁衍后代采取干预的行为，声称这是鼓励淫乱。美国政府和民间组织在发展中国家出资运行了一些项目，当前这些项目优先采取了“自己节欲、对伴侣忠实、使用安全套”的预防方式。美国和其他地方开展了“只要说不！”的宣传，提倡禁欲，鼓励有过性生活史的未婚年轻人通过宣誓弃绝进一步的婚前性行为而“重获处子之身”。不过从医疗评估显示的数据来看，无论是在迅速改变性行为的模式，还是在减少艾滋病病毒的传播率方面，这样的活动总体上都是不成功的。

人们开始认识到，大多数感染艾滋病病毒的情形与未采取保护措施的异性间性行为相关，这导致了20世纪90年代所谓艾滋病的“去同性恋化”。对此同性恋激进分子喜忧参半。一方面，他们支持这一变化，因为这冲淡了艾滋病给同性恋者带来的耻辱。另一方面，这也意味着前些年就非常有限的公共基金，现在不会再优先给予同性恋支持团体，虽然男同性恋者感染艾滋病病毒的比率畸高。一些激进分子因此又呼吁艾滋病的“重新同性恋化”。

同性恋者感染艾滋病病毒的问题，也引发了女权主义对于性存在的进一步批评。对于“高危群体”的关注暗示了，艾滋病的风险与特定人群无关，却与特定的（缺乏保护的）性行为（如肛交）有关。基于这样的观点，女权主义研究开始探索男性的性统治地位对于高风险性行为的影响，20世纪90年代初珍妮特·霍兰德和其他一些女权主义者就开展过类似研究。研究显示异性恋的男性和女性都倾向于认定男性的性“需求”居于首要地位，并以此来对性存在进行定义和体验。大多数的性伴侣都从生物角度来理解男性性存在，认为这是一种自然的、难以克制的冲动，不应该受到阻碍。这样的观点明显限制了女性在安全性行为方面提出要求的可能性。不仅如此，女性身份的标准范式也让女性陷入了两难境地：一方面，避孕和预防艾滋病被认为是女性的责任，但另一方面，女性又觉得她们不应该向她们的性伴侣提出任何要求，以免破坏他们的性快感。正如霍兰德的研究团队所指出的，对男性性伴侣的性行为实施阻碍，坚持要求男性性伴侣采取安全措施，可能会使女性失去女性气质。然而，不采取安全性行为，如不使用安全套，并不是男性权力从外部施压的结果（至少在上述研究针对的、双方自愿的性关系中并没有体现出这一点）。相反，霍兰德的研究显示，男性的性喜好在女性身上内化并重现了，霍兰德的团队将这一机制描述为“脑中的男人”。

因此，在艾滋病的风险和预防领域出现的各种女权主义分析，集中关注的是女性在异性关系中的权力和权力缺失问题，通常强调的都是女性在与男性的性交锋中相对的权力缺失。不过，对于这种权力缺失的原因的解释却五花八门：有英国社会学家珍妮特·霍兰德提出的社会化程度不同说，有澳大利亚社会心理学家苏珊·奇帕克斯提出的女性经济依赖男性说，还有美国人类学家卡罗尔·万斯提出的更大范围内对异性恋的主流定义说。虽然这些分析各不相同，女权主义研究却都表明了在理解性行为的风险时，将性别身份考虑进去的必要性。性别身份的标准范式和权力在两性间的分配，在人们运用自己的能力预防艾滋病的性传播方面有明确的影响。近年来各国政府在制定预防艾滋病的策略时，都试图将这些影响考虑进去。

艾滋病所带来的健康危机，也成了国家对公民的性生活进行干预的重要方面，国家通过性教育宣传告诉公民（有时有详细的数据）应当如何规避感染艾滋病病毒的风险。最初的政府宣传主要集中于向公民提供如何预防艾滋病病毒感染的信息，这样实际上是将公民默认为理性的个体，认为他们只要意识到有危险，就会摒弃冒险的行为。然而，持续增多的新发病例很快就表明，提供信息虽然至关重要，却还远远不够。的确，在大多数人的生活中，性生活不是他们最善于运用理性的领域。不仅如此，对我们来说性行为一般不是个人行为，而是在与其他人的互动中进行的，这再次显示了权力问题和交流的重要性。艾滋病危机显示出在政府预防艾滋病的行动中，对性的情感和非理性方面加以考虑的重要性。

优生学的“种族改良”

针对艾滋病的国家政策主要集中于对个体公民性行为的治疗、支持和改造，另一些形式的、针对性行为的国家行动主要出于集体考虑。在集体层面上，性存在这一概念具有特别的象征意义，因为正是由于性存在的繁衍特征，一个民族才得以在生物意义上延续，这就让性存在成为了国家关心的问题。正如米歇尔·福柯所指出的：

> 性存在的概念是一块阵地，人类物种的未来和我们作为人类的真谛，都在这一阵地上形成。

各个国家一向都很重视人口的数量和质量，这样的重视常常体现了各国对自己民族和民族身份的忧虑。对于人口数量减少或质量下降、人口过多、男婴或女婴数量“过剩”、移民是否比“土生土长”的国民繁衍了更多的后代之类问题的担心，是各个国家制定国策时反复讨论的议题。国家对于性存在的繁衍功能的重视程度，是西方的优生学实验特别关注的焦点。“优生学”一词由弗朗西斯·加尔顿爵士于1883年普及，他用该词来指代一国基因“储备”的改善，其基础是以科学方法来研究“所有影响基因的因素，无论这样的影响有多么微小，这些因素使更适宜生存的物种或血统能更快地战胜那些不适宜生存的物种或血统”。加尔顿认为他的表兄查尔斯·达尔文所分析的进化过程，特别是物竞天择和适者生存的学说，相对于现代社会的需要来说太缓慢也太不确定。他指出，现代社会对政治精英提出了特别高的要求，但这些人的智力水平却进化得非常缓慢。由此，19世纪下半叶出现了有关优生的“科学”，其目标是帮助相关国家推行各种社会政策，改善国民“品种”的质量。与政治自由主义的放任态度相反，优生学家倡导积极的社会规划。他们认为个体公民应当尽爱国的职责，为民族的进步贡献力量。加尔顿衣钵的继承者卡尔·皮尔森认为这种进步要通过“一种有意识的种族文化”来实现。用性学和优生学的先驱哈洛克·埃利斯的话来说，“种族的有力延续”是“我们对未来世界最高的期望”。

性学家和精神病学家在优生“科学”和行动中的表现十分引人注目。20世纪上半叶的优生学思想清晰地包含了三个中心元素：对于繁衍后代进行选择的方法，对人口的身体和精神状况下滑的担忧，以及精神疾病、身体疾病和道德变态行为具有遗传性的观点。这些元素均深受人类发展的生物模型的影响，也直接影响了人们对于性和性别的看法。优生学将科学和社会运动相结合，提供了对于以下问题的分析：我们的社会出了什么问题？为什么会出现这些问题？应当采取怎样的补救措施？面对“堕落”论、“种族自杀”论所带来的愈来愈多的威胁和焦虑，以及“性存在错乱”所带来的威胁，优生学家提倡一种全面的社会规划，这样的规划以国家对性存在的繁衍功能进行理性管理为基础。因为优生与其他社会和政治问题存在着千丝万缕的联系，它将会发展为一整套理论体系。的确，在工业化和城市化趋势加速的背景下，迅速增长的城市人口可能成为造成公共秩序不稳定的因素，而守秩序的、健康的、繁衍力强的公民，却被看作是让一个国家兴旺发达的财富源泉。

19世纪末20世纪初开始出现的现代医疗政策和社会政策，为将优生学一词转变为一项社会工程提供了制度条件。现在的人们倾向于把优生学和纳粹德国联系起来。当时德国进行了大规模的社会规划实验，包括对“退化”人群实施强制绝育和“安乐死”等。1933年出台的《预防后代遗传疾病法》要求医生将病人的遗传疾病记录在案。纳粹党在统治期间设立了超过200个“遗传健康法庭”，施行了超过40万例绝育手术。

然而，优生学的观点还是得到了政界各派的支持，其中包括无政府主义者。民主派改革家率先在欧洲推广优生“科学”和政策实施。一系列的优生政策，如对“退化”人群实施强制绝育等，得到了政治左派的强烈提倡，并在一些民主国家率先实行。某些派别的优生学家将优生学看作一项社会技术，对其寄予了厚望，认为其能够缓解贫困、酗酒等问题，尤其是与公民的优生教育相结合时。这些优生学观念成为了欧洲社会民主的知识和政治工程之一。在有关优生学的论争中，女权主义者也分成了两个阵营——支持优生学的和反对优生学的——但大多数反对优生学的声音来自自由派，他们反对以国家行为干预私人生活；而教会，特别是天主教会也对此持反对态度。

优生学家呼吁国家以科学的方式干预国民身体素质的进一步退化。新生的福利国家又多了一条预防退化的理由：缩减公共开支。不断扩展的福利制度越来越多地向国民人口中的“次级”群体倾斜，他们已经成为福利制度发展的主要受益者。因此，限制国家大花园中的"杂草"的数量就成为了一种减轻福利开支的合理途径，许多社会民主派人士和女权主义者都对此表示热烈拥护。比如，20世纪初著名的美国女权主义者，性解放和避孕的宣传者玛格丽特·桑格就是狂热的优生学者，她认为避孕可以将女性从繁衍这一生物重担中解放出来。她在1925年写下：

> 大自然会消灭杂草，而我们却让它们成为寄生生物，允许它们繁衍生息。

她还于1922年提到，这样的"人类杂草"会"阻塞我们的道路，用竭这个小小地球上的能源和资源"，应当被从国家大花园中彻底清除，以"为一个更美好的世界开辟道路"。

优生学为以科学的方式清除各种社会顽疾和混乱行为带来了希望，其方式是制定各种能够严密调控民众中性存在的繁衍功能的政策。其他一些优生学政策还包括教育项目、强制收押精神病人的制度、将儿童从父母身边转移的制度、禁止某些人结婚的规定，还有一些针对流浪人群、"吉卜赛人"和更多的社会偏常群体（如未婚妈妈、"性变态者"和身体或精神残障人士）的规定。在英国，人们关心的优生问题主要与殖民帝国的需要有关，很多人担心殖民地的、种族上的"他者"的所谓"退化"特征和跨种族婚姻所带来的危险。不过，虽然知识精英普遍支持优生学，但由于自由主义在英国具有强大的影响力，特别是人们不信任政府对于私人生活的干预，优生学的概念没有及时转化为实际的政策，至少在国家层面上是如此。欧洲其他地方的政治环境则更有利于优生学的推广。瑞典、瑞士等国家——有趣的是，这两国当时都不是殖民帝国——率先开始推广优生学政策，推行的程度令英国的优生学家们叹为观止。

公民的“优生义务”

著名的瑞士性学家，社会主义改革家奥古斯特·福雷尔(1848年—1931年)是国际优生组织联盟顾问委员会成员，也是世界性改革联合会的名誉主席。他提出，福利国家科学管理生育，以此为基础建立一种社会和国家秩序，是其对于未来的国民群体应尽的道德义务：

> 通过适当的手段对生育进行调节是一项道德任务。这对于我们种族的健康卫生是必不可少的。只有通过调节生育，并且彻底根除毒品的祸害，才能遏制住我们的种族退化的势头，为我们带来更美好的未来。我们要为后代的进步、幸福和健康尽义务，我们对他们的质量负有责任。

福雷尔认为社会秩序建立于遗传特征之上，正处于岌岌可危的境地。他还从传统的社会民主派观点出发，认为教育具有救赎的能力。他认为虽然只有“对种族进行健康筛选”才可以改善一个民族的生物储备，但这样的筛选要和积极的、以科学和理性为基础的教育宣传相结合：

> 让科学自由地、公开地照亮我们的性生活。只有这样，正常的人才不再需要伪装，而不正常的人的伪装则能为我们及时识破并且损害能及时被制止。

基于性选择在调节生育方面的重要性，福雷尔热烈提倡实行有关性教育的政策。在他看来，只有通过有选择的、科学指导下的生育，才能建立和维持那些维护国家秩序的底线。他提出，要让年轻人知道和“低等”伴侣发生性关系的后果，以及了解未来伴侣的遗传背景的相应必要性，这些是非常关键的。福雷尔写道：“每位未婚妻，为了将来孩子的利益，都有神圣的权利，去了解她们未来伴侣的性家族史。”

1912年，瑞士开始禁止“精神残疾者”和“无法律责任能力者”结婚。由此，瑞士成为第一个基于优生学原因、为禁止“精神疾病”延续而推行限制性婚姻法令的欧洲国家。在全世界范围内，1907年美国印第安纳州颁布了第一个基于优生学的绝育法令，到20世纪30年代，美国有三分之二的州都出台了类似的法令，特别针对那些被监禁的人群，如罪犯或被标记为“精神不正常”的人。1927年，美国最高法院有一项声名狼藉的“巴克诉贝尔案”的判决，允许弗吉尼亚州对一位被诊断为“智力低下”的年轻单身母亲施行强制绝育。这位单身母亲因遭受乱伦强奸而怀孕，为了掩盖这一事实她还曾被监禁。最高法院对这项判决给出的理由是：

> 与其让劣等后代因为犯罪而被处死，或者因为智力低下而饿死，社会可以阻止那些明显不够格的人繁育后代，这对整个世界都有好处……连续三代白痴的情况让人忍无可忍。

在福雷尔观点的影响下，1928年，瑞士的沃州在欧洲率先实行了优生绝育法。接下来，这样的法律于1929年在丹麦开始实行，1933年在德国实行，1934年在瑞士和挪威实行，1935年在芬兰实行。在瑞士，被认为对瑞士民族构成遗传“威胁”的各种社会人群包括罪犯、妓女、酗酒者、“不道德”公民（特别是未婚母亲）、精神不正常者、残疾人、血友病患者、吸毒者、犹太人、“吉卜赛人”和流浪者，这引起了大范围的恐慌。需要说明的是，诸如淫乱、酗酒、癫狂、放荡和挥霍狂（一种花钱无节制的倾向）之间的区别常常很模糊。如“精神不正常者”就是一个特别宽泛的概念，可以包括流浪者、“道德败坏”的人、罪犯和未婚母亲（她们被认为具有道德缺陷，因为她们明显有婚姻之外的性行为）。在优生学的语境下，医学诊断和道德观念之间的界限至少是模糊不清的，而“道德水平低下”这样的概念则将两者完全混为一谈。福雷尔等优生学家不断地呼吁要由国家对以上的“退化”人群施行“人工绝育”，合理地制止他们繁衍。福雷尔认为这项任务迫在眉睫，因为他认为性感化的“他者”和性“变态”者——包括女性这个整体——都是“更具性诱惑”的，因此对国民繁衍构成了特别的威胁。

优生学强调女性的身体承担了延续一个民族的责任，因此对“低等”人群施行绝育就有明显的性别化倾向。1944年，一项针对沃州优生法进行的早期评估显示，十分之九的绝育手术是在女性身上施行的。同样，1929年至1931年间苏黎世的调查数据也显示，接受优生绝育手术（和人工流产术）的女性有480例，而接受绝育的男性仅有15例。在其他国家，绝育也是一项极具性别色彩的行为：在瑞典，超过90%的绝育手术都是针对女性进行的。

在沃州施行的大多数合法绝育手术——与瑞典的情形相似——都针对年轻的、女性的社会偏常者，也就是那些“不适应生存环境”的女性，她们生活在贫穷之中，大多数没有结婚，并且被判定为“智商低下”。对于女性得体性存在的监管似乎是这一行动最重要的原动力，因为人们常用“道德观念的淡漠”、“不受压抑”的女性性存在或“女色情狂”等作为强制绝育的理由。比如在20世纪20年代的苏黎世，妓女被捕后，可以合法地被送去接受精神治疗。在当时的社会环境下，人们认为“低能”在女性身上比在男性身上更容易遗传，还认为妓女更加容易染上疾病，因此她们有时会被强迫绝育。两位精神病学家西格瓦特·弗兰克和西蒙·吉彻林斯基曾在20世纪20年代和40年代撰写过关于瑞士绝育行为的报告，报告中运用大量的实例，说明性方面的过错往往会导致被绝育。1931年，瑞士首都伯尔尼的“解救贫困组织指挥部”发布了一项指令，谴责了当时广为存在的、将妇女交由福利机构施行绝育的行为，并明确提出了一些观点，比如未婚女性只有在“她们明显显示出身体或精神缺陷的时候”才能对其施行绝育，“今后一个人如果只是性生活淫乱，而身体和精神都正常的话，不应该对其施行（绝育）”。

如果女性被诊断有精神缺陷，可以不征得其同意就对其施行绝育。其他情况下，可以用停发救济金或送交劳教营等方式威胁女性，获得其“同意”；或者在妇女同意同时施行“自愿”绝育手术的情况下，对其实施人工流产术。

绝育手术施行对象性别比例的不平衡，体现出了女性的身体是优生学特别担心的问题。优生学家呼吁进行的优生教育和国家立法，将女性视为特别重要的对象，这体现了把生育和女性身体联系在一起的传统观点。正如社会学家妮拉·尤娃-戴维斯所指出的，“种族纯洁性”的观点往往与对女性性存在的规范密不可分。瑞士医生英伯登-凯撒于是倡导推行一个教育项目，向母亲灌输“生育责任感”，这不仅进一步发展了福雷尔的理性性行为原则，而且呼吁进行强制的医学检查和“婚姻能力

图9 20世纪30年代美国的优生婚姻咨询。

认证”。

各种绝育政策是福利国家对性存在的繁衍功能以优生形式进行调节的最极端形式，不过，还有一些“预防性”的教育政策作为对这些政策的补充。福雷尔和其他一些宣传者对于优生学性教育和婚姻顾问的强调，为将优生学纳入教育课程体系奠定了基础。比如，1939年，瑞士向各个学校和军官联盟发放了相关宣传手册。手册教育了瑞士年轻人与退化人群生育后代的危险，指出他们对全体国民应尽爱国义务。手册因而这样鼓励年轻人：

> 从身体健康、品德优良、智力卓越的家庭中选择你的伴侣！不管是对你的后代还是对整个民族，你都有这个责任。

1932年，社会民主派福利改革家在苏黎世成立了“婚姻和性生活顾问总部”，随后瑞士的其他城市也成立了类似组织。该组织举办各种展览、报告和会议，其主题有“遗传责任”、“未婚者精神和优生咨询”（20世纪30年代），以及“预防怀上有遗传疾病的后代”（1949年）等。女权主义社会改革家也致力于打造“更少退化”的未来一代，出于这一需要，性和婚姻顾问活动也成为了她们政治行动的一部分。

恶名远播的瑞士“乡间的儿童”项目，是政府批准的意在根除流浪现象的项目，由联邦儿童机构“为了孩子”设立，从1926年开始一直运行至1973年。用该组织的创立者阿尔弗雷德·西格弗莱德的话来说，其明确目标就是防止耶尼士人（瑞士境内主要的“吉卜赛人”）“无节制地生育，给世界带来新一代退化和不正常的儿童”，因此该组织寻求根除耶尼士文明的有效方法。为了追求其优生目标，“为了孩子”组织将超过600名耶尼士儿童从他们的父母身边转移，放到孤儿院、寄养家庭和精神病院里成长——后来的瑞士总统露特·德莱富斯在1988年将这一行动形容为“瑞士历史上最黑暗的篇章之一”。

然而，这样的情况绝非只在瑞士发生过。在瑞典，优生学和社会民主福利国家的建立更紧密地联系在了一起，据估计，在1934年到1976年期间瑞典有6.3万名公民在优生学的名义下接受了绝育手术。不仅如此，其他的欧洲国家也很快开始效仿斯堪的纳维亚半岛和瑞士的例子。优生学的话语成为了科学正统，其合理性几乎从未受到质疑，因此在二战前的欧洲加速渗入了主流文化。与瑞典和瑞士的社会民主党都有联系的德国社会民主党(SPD)，在魏玛共和国左翼优生政策的发展中起到了至关重要的作用，这比纳粹党采取更极端形式的优生政策还要早很久。社会民主党的政治家阿尔弗雷德·格罗特扬(曾是柏林社会卫生运动的第一主席)和沃尔夫冈·海因于20世纪20年代在社会民主党统治下的普鲁士率先引进了给残疾人绝育等优生措施。

和在瑞士一样，社会民主党派的科学家，特别是性学家在德国也扮演了至关重要的角色。比如，马格努斯·赫希菲尔德就是性改革领域的著名先锋人物。他本人是一名同性恋者，也是一名积极反对同性婚姻的优生学家。他认为，考虑到同性恋者的“劣等”基因，他们的确更有可能生下智力低下的孩子。虽然包括赫希菲尔德在内的许多社会民主党派的优生学家后来均遭到纳粹的迫害，逃离德国，但他们基本都没有反对纳粹的一些做法，比如强制绝育。赫希菲尔德认为这是“一个有趣的实验”，并且谨慎地提出“要判定其结果的正确与否，还要很长时间”。

赫希菲尔德和他的瑞士朋友兼导师福雷尔一样，也和社会民主党派以及优生学派麾下的婚姻咨询委员会有瓜葛。他于20世纪30年代早期帮助该委员会在自己的“性学研究所”内发展，该委员会后来成为推广纳粹家庭优生学的先驱。他与纳粹党优生学家内部的分歧主要在于纳粹党科学理论的“极端”而不科学的本质，特别是在哪些人应当被归为劣等人这一问题上。无疑，赫希菲尔德等社会民主党人反对纳粹党集中对付犹太人的行为（而且他们也指责酗酒者和吸毒者因而得不到足够的重视），英国的主流优生学家也反对这一行为。有趣的是，由逃离德国的犹太人和社会民主党人在布拉格编纂的《国际医学简报》，在1933年对纳粹的绝育法展开攻击时，采用的是政治立场而非伦理立场：“在一个资本主义国家，这样的一条法律会被作为权力的手段而滥用……只有在一场社会革命后才有可能用它来创造‘真正’的优生学所需要的科学和社会条件。”

在英国和美国，20世纪30年代出现了一场“布尔什维克优生学”运动，该运动认为苏联是唯一一个能够对社群的改进采取科学态度的国家。在法国，有人鼓吹公民除了为国家服兵役之外，还要履行“性役”，曾多次成为社会主义工人党候选人的瓦施·德·拉布奇就是其中之一。这一版本的优生学因此成为了欧洲社会民主的一项知识和政治工程。社会民主党人是一国之内优生学的狂热拥护者，这毫不奇怪，因为他们坚定地认为国家对公民个人和公民集体都负有责任。用福雷尔的话来说，我们需要一种“智能的、科学的（而不是教条的）社会民主”来“解决优生问题”。不仅如此，社会民主党人还提倡个人利益服从于集体利益。社会民主党人将优生学看作一项缓解贫困和社会痼疾的社会技术，认定优生学政策对民族的集体利益有利。

虽然政界的左右两派都同样提出过优生学的观点，一些社会民主党人还激烈反对这样的观点，但在20世纪30年代到60年代，在瑞士和瑞典等国优生技术的创立中，发挥关键作用的还是社会民主党。在以各门科学、国家行动和私人机构为轴心的框架内，社会民主党人以公务人员、官僚和科学家的身份参与进来，优生学思想由此得到了最“成功”的应用。在瑞典和瑞士，没有殖民势力与其他种族的碰撞，因此对于种族纯洁性的考虑主要是针对国内而不是国外。这导致针对“吉卜赛人”、“放荡的女性”或精神和肢体残疾者等“内部他者”的分类制度与等级制度愈演愈烈，这些人被认为是导致国民身体和道德退化的源头。因此当局制定的政策就特别强调保护不同国民之间的生物和道德界限。

但应当记住的是，社会民主党人内部存在关于优生学的分歧。不仅如此，社会民主党派的优生学版本被纳粹党的项目玷污了。简单化地将社会民主党和优生学混为一谈是错误的。

现代福利政策和更加有利的政治环境的出现，为实现优生学的梦想提供了制度框架。强制绝育、禁止结婚之类的优生手段，开始与优生教育、性教育和婚姻咨询等手段结合起来。在这样的政治环境下，限制那些可能成为新福利政策支持对象的人群的数目，成为了政府缩减开支的合理途径。虽然不是所有政策制定者都赞同优生学的观点（强调遗传比社会环境对人的影响更重要），但出于缩减开支的考虑，他们仍然支持优生学推动下的绝育政策。毕竟，施行绝育要比对“退化人群”实施长期财政补贴经济得多。

大范围内关于优生学的社会和政治实验，明确体现了国家对于公民性存在的繁衍功能的关注。虽然优生学政策源于对性的生物学理解，却忽视了男性在生育中的作用。围绕优生学和艾滋病的政治，体现了性存在这一问题因为性别和“种族”的不平等所呈现出的错综复杂状态，以及性存在与个体和集体“纯洁”的关系。不仅如此，两种政策的社会环境都说明，个人的利益和大多数人的利益有时会背道而驰。在围绕政府力量对性的领域进行干预的集体行动中，女权主义和同性恋团体在政治上处于复杂的、有时相互冲突的位置。

第五章

性的未来

> 卡拉夫特-艾宾医学法理书中的性变态者，欲说还休地向新的性学专家们吐露他们最为隐私的秘密。他们已经走出了临床医学的教材，走入历史的舞台，他们是性多样化的鲜活证据。
>
> 杰弗里·威克斯，1986年

联盟政治

20世纪六七十年代是一个关键的阶段，在西方，这一时期对性的公开讨论日益白热化，性的政治化程度日益加深，这最终导致人们从根本上重新审视对性行为和性身份的理解和体验方式。道德和法律对性行为管制的放松常常被视为性革命时期的最主要特征，而女权主义和同性恋对异性恋标准范式的批评，也引发了同样极端的性的含义的变革。然而，主流社会对于性问题的公开讨论，一开始却牢固地与这一观点相结合：性意味着——理所当然地并且只是意味着——异性之间的关系。比如，这一时期典型的畅销著作如《性的欢乐》，被作者称为“对于人类全部性问题的轻松描述”，但其中并未谈到同性恋或女同性恋问题。1969年出版的性手册《关于性你想知道但羞于启齿的一切》同样畅销，书中回答了“女同性恋者彼此间做些什么”

这一问题，答案如下：

> 和男同性恋者一样，女同性恋者遇到的障碍，在于她们只具备生物拼图上一半的拼块。正如一个阴茎加上另一个阴茎等于零一样，一个阴道与另一个阴道的和也是零。

但是，当时社会和政治的变化还是加速了公众对于米歇尔·福柯所说的“边缘”性状态的肯定，其戏剧化的体现是女同性恋和男同性恋群体的激增。虽然小范围的、以聚会等形式出现的同性恋亚文化在近代史上，特别是在大的中心城市出现的时间要更早一些，但从20世纪60年代末开始，男女同性恋的文化空间和政治组织的发展才达到了前所未有的规模。

1969年，纽约警方对同性恋酒吧“石墙酒吧”进行了常规的突击搜查，遭到了人群自发的反抗。一般认为，这次反抗行动标志着现代同性恋解放运动的开端。当然，在此之前已有不少行动，最早的是19世纪末德国出现的保护性少数派的组织，这时“同性恋”这一近代词语刚刚诞生。“石墙行动”之后，美国又成立了“全国同性恋解放组织”，英国1970年成立了昙花一现的“同性恋解放阵线”，其他国家也出现了许多类似的团体。一些同性恋维权团体，如美国的“兰姆达法律辩护基金会”，主要致力于在现存政治框架内，以诉讼或游说的策略，改革歧视性政策。其他的组织，如反等级制度的“艾滋病释放能量联盟”，则对“生儿育女者”（指异性恋者）采取了更加非传统的、具有挑衅意味的策略。艾滋病的出现所带来的特殊问题，进一步起到了政治动员的作用，特别是在男同性恋这一问题上。艾滋病通过性交传播，并且给旧金山或纽约等大都市地区已具规模和声势的

图10 纽约的同性恋解放运动，1970年。

男同性恋群体造成了毁灭性的打击，这些事实让男同性恋者进一步团结起来，加强了与国内和国际性选择自由群体的联合。之后，特别是在20世纪90年代之后，许多西方国家通过了大量同性恋权益立法，主要针对关键政策领域，如军事、就业、民事伴侣关系[①]等。

同性恋者还将以前人们给予他们的标签加以重新利用，逐渐改变其社会含义，这也是他们的一种政治策略。比如，“柴棍”[②]、“歹客”[③]或“酷儿”之类的词汇，原先使用时带有贬义，但“艾滋病释放能量联盟”和位于纽约的“酷儿民族”等团体，成功地对其加以改造，他们采用反抗口号“我们是酷儿，我们在这儿”作为自己的身份标签，激起了同性恋者的自豪感，起到了组织同性恋者集体行动的作用。在这样的情形下，人们用gay[④]这个词形容自己，始于20世纪五六十年代的美国，这标志着同性恋身份的政治化(导致了新的身份分化，比如“他可能是homosexual，但不是gay”)。在更大的范围内，很多19世纪的性科学精确划定界限的名词，包括变性者、异装癖者、施虐受虐狂、恋童癖者和恋物癖者等，为这些群体所利用，为他们公开肯

① 以法律形式认可的类似于婚姻的伴侣关系。最初于1989年在丹麦实行，之后一些发达国家纷纷新增类似立法认可同性伴侣之间的关系，以为其权利提供保障。在一些国家，民事伴侣关系也适用于异性伴侣。

② 曾用作对同性恋者的蔑称。

③ 通常是指较男性化的女同性恋者，以往是恐惧同性恋者的人用来侮辱女同性恋者的称呼，现在女同性恋者也会戏谑地用这个词来称呼自己。

④ 历史上homosexual一词指同性恋者时往往带有贬义，暗示一种精神疾病。20世纪中期之后人们开始用gay这一更加正面的词来称呼男女同性恋者，尤其是男同性恋者。

图11 伦敦同性恋解放阵线，1971年。

定自我并要求社会承认提供了平台。

政治、文化、媒体和消费工业领域对于性存在多样化的逐步承认，也导致了“变态”这一概念的淡化。19世纪的性学规定了性常态，从而有了“变态”的概念，但这一概念随着性少数派的高调而淡化了。正如性学家杰弗里·威克斯所说：

> 以正常这块大陆为中心，周围分布着各种反常的小岛，这种情形已不复存在。相反，我们现在可以看到各种大大小小的岛屿交错在一起……新的分类和性爱取向的少数群体不断出现。旧的群体也经历了分化的过程，因不同的口味、不同的能力和需要，各种性身份不断增多。

然而，性身份标签的激增也给围绕性存在的联盟政治制造了困难，成为各种不同的政治主张之间潜在冲突的源头。比如，在争取抚养权和领养权时，男女同性恋者的权益常常是一致的，但女同性恋者对为何将行动集中在反对艾滋病和鸡奸法上（在70个左右的国家里仍有这样的法律，但一般只针对男性之间的性关系）提出了质疑，因为这些问题对她们的影响微乎其微。女同性恋者在医疗卫生、生育政策、儿童保健、工作场所对妇女的性别歧视等方面，与异性恋女权主义者而不是男同性恋者拥有更多的共同利益。不仅如此，另一些问题，比如为改善乳腺癌治疗而发起的抗争，被认为是特别有关女同性恋者的利益的，因为乳腺癌在没有生育孩子的女性身上发病率畸高，很多女同性恋者（当然不是所有的女同性恋者）都没有生育。许多女同性恋激进分子对女权主义支持堕胎权利的行动表示了强烈支持，但男同性恋组织大部分表示拒绝参与，认为“这不是同性恋的问题”。

不仅如此，女权主义者、男同性恋者和女同性恋者——不管是在他们内部还是在他们之间——在一些问题上存在分歧（比如施虐受虐狂和色情出版物各自的好处），而变性者和异装癖者也遭到了女权主义者的批评，因为他们的存在强化了性别的刻板印象。在“同性婚姻”的问题上，女权主义者也与许多男同性恋激进分子有摩擦。正如社会学家史迪威·杰克逊所指出的，在很多女权主义者眼中，争取同性婚姻的斗争将父权婚姻制度中男性的特权扩展到了同性恋男女的婚姻领域，而对婚姻制度本身赖以存在的性别等级——过去，一些女权主义者曾为此提出废除婚姻制度——则不闻不问。在这样的背景下，一些女权主义者，包括女同性恋者断言，同性恋解放运动已经成为男同性恋解放运动。由此，同性恋运动中的男同性恋者和女同性恋者之间的政治分化出现了，和前一章里讨论过的、异性恋和同性恋女权主义者之间的分化如出一辙。

一些其他的性少数派成立了独立的组织。比如，20世纪70年代起包括荷兰、美国和英国在内的多个国家出现了众多的恋童癖权益群体，这可能也是最具争议的一个现象。恋童癖激进主义在荷兰尤其有影响，该国成立了声势浩大的“荷兰性改革组织”（NVSH），在该组织的支持下，1972年《与儿童的性关系》一书出版，书中概括了国际上对于“跨代际性关系”的研究，在西欧的恋童癖政治激进主义活动中被广为运用。1979年，一项针对荷兰议会发起的请愿活动，要求将儿童和成人之间双方自愿的性行为合法化，这一行动得到了“荷兰性改革组织”、女权主义团体和世界上现存的历史最悠久的同性恋权益群体“文化与休闲中心”①（COC）的支持。大约同一时期（1979年—1981年），新教性教育基金会(PSVG)向荷兰的小学发放了数万册名为《恋童癖》的宣传手册。

世界卫生组织将恋童癖描述为一种性和精神上的错乱，与此相反，恋童癖激进分子则要求予以恋童癖更高的合法地位，不再将其列为一种精神疾病，并主张儿童的性权利和（双方自愿的）跨代际性关系的合法化。在法国，20世纪70年代末出现了各种请愿活动，要求议会废除有关性行为最低合法年龄的法律条款。特别是在1977年，著名的公共知识分子让-保罗·萨特、西蒙娜·德·波伏娃、米歇尔·福柯、雅克·德里达、罗兰·巴特和法国最有名的儿童精神分析学家弗朗索瓦兹·多尔多共同签署了一项请愿书，要求将所有成年人和未成年人之间双方自愿的性关系合法化。由此，恋童癖支持团体的运作环境发生了改变，新背景下

---

① 最早致力于维护女同性恋者、男同性恋者、双性恋者与跨性别者权益的组织，1946年成立于荷兰，成立时采用“文化与休闲中心”的名字掩饰其真实的目的。

关于儿童性存在的文化观念在更广泛的层面上被重新定义，性成熟的年龄也大大降低，这很可能是由于营养和健康状况的改善。比如，在20世纪六七十年代，西方国家的女孩平均13岁就达到性成熟，在一些非西方国家的发达群体中也是如此。一个世纪之前，女孩性成熟的年龄为16岁到17岁，这一时期男孩在17岁时达到身体的性成熟，19世纪中期则要到23岁。这样的趋势一直延续下去。

英国的“恋童癖信息交换组织”（PIE，成立于1974年）、美国的“北美地区男人与男孩之爱联盟”（NAMBLA，成立于1978年）、“丹麦恋童癖联盟”（DPA，成立于1985年）、“国际恋童癖和儿童解放组织”（IPCE，成立于20世纪90年代初）和其他一些团体，都以弗洛伊德的理论和包括《金赛报告》在内的性学研究为依据，提出儿童是具有性欲的。这些组织还借助古希腊的性模式，提出成年人和儿童之间的性关系可以带来“教育上的好处”。

虽然恋童癖在更大范围的公众中一直是一个具有争议的问题，但从20世纪80年代起，公众对于成年人与儿童的性关系采取了更严苛的态度，当然严苛的程度因各地文化不同而各异。在西欧，由于儿童遭受性虐待的现象令公众怒不可遏，恋童癖政治游说活动渐渐销声匿迹。2006年在荷兰成立了一个“热爱邻人、热爱自由、热爱多样化”的党派，其目标就包括将任意年龄的性行为合法化，除非这一行为是危险或遭胁迫的（该组织还支持将针对动物的性虐待治罪，根据目前的荷兰法律，这样的行为不会受到惩罚），但该党派未能从荷兰公民中收集到必要数量的公众签名，因而不能参与实际的选举。在美国、加拿大和英国，警方对恋童癖团体成员日益严密的监控和定罪，使得很多——虽然并非所有的——重要团体不得不解散，或转变为更加隐蔽的网络团体。

起初，围绕性行为最低合法年龄（个体被认为有能力在明确知情的情况下同意进行性行为的最低年龄）等问题，恋童癖团体和一些同性恋权益组织形成过政治同盟。很多国家目前的性行为最低合法年龄在17岁或18岁左右，合法年龄规定较低的国家有菲律宾（12岁）、西班牙和日本（13岁）、德国和意大利（14岁）。在沙特阿拉伯、巴基斯坦、伊朗等国，任何婚外性行为都是非法的。在过去的20年里，性行为最低合法年龄的立法问题成为了同性恋权益行动的主要问题之一，因为在很多国家，男性之间的性行为最低合法年龄，要比异性之间或女性之间的同性性行为的最低合法年龄（对女性之间的同性性行为定罪的情况要更加少见）要高。当然，不少国家近年来将年龄标准调至相同。然而，目前大约有70个国家还是将所有的同性恋视为犯罪（在津巴布韦，同性之间牵手也是犯罪）。

同性恋权益团体曾因为性行为的最低合法年龄，或者更广泛意义上的性少数派的团结问题，和恋童癖激进主义者形成过同盟，但自20世纪80年代初开始，这一同盟渐趋瓦解。在很大程度上，这是基督教右派宣传的结果，如美国保守主义激进分子安妮塔·布莱恩特发起的一场抵制“将我们的孩子纳入同性恋阵营的危险”的宣传。她自称这是一场“圣战”，以“拯救我们的孩子”为旗号，将所有的同性恋者——特别是男同性恋者——描绘为潜在的猥亵儿童者。这一行动引发了美国从20世纪70年代末开始的有组织的反对同性恋权益组织的行动。在荷兰，虽然同性恋权益团体“文化与休闲中心”20世纪70年代初曾宣称，只要儿童和恋童癖者得不到性解放，同性恋解放运动就没有完成，但到了20世纪90年代中期，绝大多数同性恋权益团体都明确疏远了恋童癖支持团体。成年人和儿童之间的性行为在法律上被视为性虐待，恋童癖支持团体呼吁取消这些法律保护，对此同性恋权益团体也表示了谴责。美国最大的男女同性恋游说组织“人权运动组织”的一位代表在提到“男人与男孩之爱联盟”时就曾表示：“他们不是我们群体的一部分，他们想要暗示恋童癖是事关男女同性恋者公民权利的议题，对这一企图我们也完全表示反对。”

在恋童癖以外的其他政策领域内，战略同盟得以成功构建。LGBT（女同性恋者、男同性恋者、双性恋者和跨性别者群体）这一囊括性的标签，就标志着不同的性少数派之间采取了更积极的措施来相互包容和形成政治联盟。不过，这个本就不太稳定的大联盟，却遭到了黑人同性恋激进分子的攻击。他们提出，联盟对于仇视黑人同性恋问题过于关注，而忽略了解决同性恋权益组织内部潜在的种族歧视。虽然美国黑人民权运动对同性恋政治行动产生了影响，贝西·史密斯和奥德列·罗尔蒂充当了重要的文化符号，黑人同性恋者以及异装癖者在石墙酒吧的抗议活动和对艾滋病的政治回应中也扮演了重要角色，但黑人男女同性恋者仍然认为，他们在同性恋权益组织中的领导权没有得到充分体现，他们的特殊问题在同性恋政治议程上也没有得到充分重视。

性分离主义

到底是应当通过“单个议题”组织集中解决某个问题，还是应该追求更广泛的目标，这一点上的分歧也催生了分离主义策略。的确，这是同性恋激进主义运动早期就已经开始反复出现的问题。史上最早的性少数派权益运动出现于19世纪末20世纪初的德国。当时，围绕上述问题运动内部就出现了分歧：以性学家马格努斯·赫希菲尔德为首的“科学和人道委员会”（1897年），以“第三性别”的同性恋模型为基础，倾向于一种以男女同性恋者的联合为基础的同性恋分离主义模式。1902年由无政府主义者阿道夫·布兰德、性学家贝内迪克特·弗里德兰德和青年运动激进分子威尔海姆·詹森联合成立的“拥有自我者团体”，却主张以同性恋男性和异性恋男性之间的联盟为基础的性别分离主义模式。1955年在美国旧金山成立的“比利提斯的女儿们”[①]被公认为世界首个女同性恋权益组织，但在20世纪70年代，对于是否应致力于广义上的妇女权益，而不仅仅是狭义上的女同性恋权益这一问题，组织内部出现了分歧，导致其最终瓦解。不仅如此，“美国全国女性组织”(NOW)也呼吁驱除内部的“同性恋威胁”，因为担心女同性恋声音的存在会招致媒体对运动的敌视。

20世纪七八十年代的一些女同性恋分离主义派别，不仅寻求组织上的独立，而且寻求地理上的独立，从而使得以上的分歧更加极端化。最著名的有吉尔·约翰逊1973年出版的图书《女同性恋部族：女权主义的解决方案》，书中提出对“流亡的女同性恋部族”进行“部落分类”，呼吁在更广大女性运动的阵营之中，建立独立的女同性恋者的社会和文化空间，作为一个权力基地。20世纪70年代初，荷兰的女同性恋极端组织曾幻想在一个“女

---

① 该组织的名称源于《比利提斯之歌》（1894年），作者皮埃尔·路易胥弋仿造希腊女诗人萨福的风格创作了146篇优美的散文诗，描述了比利提斯从纯情少女，到美艳的同性恋者与知名神女，再到最后的垂暮的过程。

儿岛”建立一个独立的女同性恋社区。无独有偶，澳大利亚的激进分子也有类似的乌托邦设想，他们于2004年宣布加图小岛成为新的微型国家——珊瑚海男女同性恋者王国，并在2006年发行了自己的首张邮票。美国、加拿大和澳大利亚纷纷开辟女人专属的空间或女人专有的节日，冠以“她的土地”、“女人的领土”、“女人的节日”等名称。这样的做法至少暂时建立了女同性恋者或女性专属的地理空间。阿米斯特德·毛宾在系列小说《城市传说》中就暗讽了这一现象。2000年，美国的极端女权主义者德沃金呼吁建立女性的独立家园，从此领地策略又开始复苏。威廉·S.巴罗斯等男同性恋作家也同样呼吁建立男同性恋者的国家；一些组织，如创立于2005年、总部设立于德国的“男同性恋者家园基金会”的目标就在于游说“人烟稀少的大国政府”卖出“无人居住的土地”，在那里女同性恋者、男同性恋者、双性恋者、变性者和跨性别者可以建立一个独立的国家。

围绕性和性别身份的分离主义的虚拟世界，在英国作家“马丁戴尔小姐”[①]近期的作品中表现到了极致。她自诩为“阿里斯特莎女性帝国”的代言人，该国度没有男人，两种性别分别是“金发女人”和“褐发女人”。20世纪80年代出现了半宗教性质的分离主义，其表现形式是在全世界范围内出现的各种信仰团体，如“重组女神运动[②]会众国际”和“黛安娜教”[③]，其中一些

① 玛丽安·马丁戴尔是英国作家，她以“马丁戴尔小姐”的名字成为了成员全部是女性的亚文化组织“阿里斯特莎女性帝国”的代言人。

② 20世纪70年代，第二次女权主义浪潮中北美、欧洲和澳大利亚等地区出现的宗教派别，宣扬女神崇拜。

③ 由苏萨娜·布达佩斯于20世纪70年代在美国创立，宣扬单一女神崇拜的、平等主义的、女性家长制的女权主义。

派别与女同性恋分离主义有关。“黛安娜教”是随着1975年苏萨娜·布达佩斯的“卵巢之书”《女性之谜的圣书》问世的，该书将“新异教女权主义女神信奉者”重新按“威卡教[①]团体”和“非威卡教团体”分类，这一分类受到女性气质的生物模型的极大影响，这样的模型注重宣扬女性的生殖能力，或者更一般意义上的女性身体、“女性主义”和“神圣的女性气质”。

在性和性别政治区域化的过程中，极端派别采取了各种激进主义策略，如1990年在纽约出现的“酷儿民族”，打出了极具争议的口号“我讨厌直人”。酷儿民族是一个缩影，体现了一种性政治的新举措：不再要求在自己家中或者在地理上孤立的“家园”中私下享受性自由，而是通过一系列的行动要求在公共领域去异性恋化，比如“女同性恋复仇者”等团体在异性恋夜总会中发起了“酷儿出没夜”活动。他们提出，作为酷儿，要求的不是隐私权，而是公开身份的自由。分离主义的政治女同性恋主义提倡“逃离”异性恋的（殖民）统治，而新的酷儿民族主义是一种文化（而非族裔）民族主义，呼吁通过根除异性恋对同性恋的仇视，实现同性恋对公共领域的重新统治。

在理论层面上，酷儿理论与朱迪斯·巴特勒、伊夫·塞奇威克、特蕾莎·德·劳瑞提斯、米歇尔·沃纳和史蒂文·塞德曼等作者相关，从20世纪90年代初开始发展，其理论基础是之前的阿德里安·里奇、莫尼克·维蒂希以及其他一些学者的激进女权主义理论与批评，这些理论与批评针对的是以异性恋为常态的观点。酷儿理论强调男同性恋和女同性恋的社会构建本质，这一

① 一种在英国和美国盛行的、新兴的、多神论的、以巫术为基础的宗教。威卡教一词来源于Witchcraft（巫术）的缩写。该教使用一个圆圈内的五角星作为标志。

理论在米歇尔·福柯的早期著作中有迹可循，与加尼翁和西蒙、肯·普卢默和杰弗里·威克斯等符号互动社会学家以及政治女同性恋主义理论家都有相关之处。虽然“酷儿”一词涵盖了多重意义，它主要还是意在表明对男性/女性、同性恋/异性恋等二元对立范畴的反对。它强调身份类别在总体上的多元性和不稳定性。正如社会学家黛安娜·理查德森所说：

> 有人提出，我们是“后”身份的拥有者：后女性、后男性，我们是跨性别者；后女同性恋者、后男同性恋者、后异性恋者（也许？），我们是酷儿。

在文化上，酷儿理论强调针对占主导地位的社会意义和身份的“永久的反抗”与颠覆。对于一些作家来说，这蕴含着对于20世纪80年代以来迅猛发展的同性恋消费文化的激烈反抗，这些消费文化包括同性恋旅行社、同性恋酒吧、同性恋浴室、同性恋法律服务、同性恋心理治疗、同性恋时装卖场等，正如它们的广告口号所说：“我们在这儿，我们是酷儿，我们不是来逛街的。”酷儿理论的目标不在于融入主流社会，而是在于从根本上彻底改变社会秩序，不但要动摇被认为是理所当然的常态的异性恋，还要动摇针对男女同性恋者的身份和性别业已形成的、生物性的理解。酷儿理论声称性别身份和性身份是流动的、不稳定的，酷儿理论作家凯特·伯恩斯坦[①]就曾以这样的语言描述自己：

---

① 凯特·伯恩斯坦出生时是男性，后于1986年接受了变性手术成为了女性。

简而言之，我曾是个异性恋的男人，但我后来改变了性别，成为一个女人，一个同性恋女人。后来，我的女性爱人变成了男人，我就不再把自己叫作女同性恋者了。女同性恋者的身份已经变得太过复杂。把自己叫作女同性恋者意味着激怒几乎所有人，所以我又把自己叫作歹客。

美国性学家卡罗尔·奎因和小说家劳伦斯·施梅尔于1997年创造了“后现代性恋者”一词，用来形容曾对性和性别的流动本质有着生动描述的凯特·伯恩斯坦等“后现代”个体。用这两位的话来说：

我们后现代性恋者是酷儿中的酷儿，我们不会默不作声地待在标记有“男同性恋者”和“女同性恋者”的箱子里——我们正都要从这个异性恋的世界试图为我们定做的箱子里挣脱出来。

自我标榜为“麻烦制造者”和“为女性撰写男同性恋文学的虐恋作家”的帕特·卡里菲亚将后现代性恋者描述为男女同性恋运动的“杂交后代”，称其打破了男同性恋者、女同性恋者、异性恋者等标签所涉及的、性别和性存在之间的微妙联系。

政治上，酷儿激进运动——虽然从参与者的数字上来说是一个很小型的运动——强调了围绕多样性的包容与团结。然而，酷儿政治也呼吁，在将“酷儿”这一共同身份置于“女性”这一身份之上的基础上，恢复女同性恋者和男同性恋者之间的联盟。一些酷儿的政治理论批评男女同性恋组织，因为其默默推定同性恋身份是一致而稳定的。同样，极端女权主义也因吸纳

“女性”这一范畴（及其所代表的“说教”倾向）而受到了批评。喜欢使用LGBT&F（女同性恋者、男同性恋者、双性恋者、跨性别者**和朋友**）这一说法的酷儿主义理论家则主张，在酷儿主义的未来，男同性恋者、女同性恋者以及异性恋者这样的性标签，都会被归入酷儿这一包罗万象的不稳定的身份之下。但是，目前的现实却与此大相径庭，正如作家D. 特拉维斯·斯科特所说：

> 酷儿这个词几乎很快就成为了“粗俗的柴棍和万客”的代名词，再也不是它一开始所标榜的、带有极端的性色彩的、打破边界的一个联盟。否则，我们在这场示威中会有多得多的异性恋“酷儿”。

不仅如此，还有人针对酷儿主义强调不同身份类别之间的联合提出了批评，认为这是一种“虚假的团结”，掩盖了各种具体的性别和种族歧视。被公认为最著名的酷儿主义理论家之一的朱迪斯·巴特勒在她的作品中就提出了类似的问题，同时她还警示人们，要当心女权主义和酷儿理论在某种程度上水火不容的观点。

酷儿理论与早期针对性解放的批评一脉相承。米歇尔·福柯就曾对同性恋解放和政治（或者赖希和马尔库塞倡导的性解放）提出过批评，其中著名的观点就是否认了性解放主义中默认的一个假设：世上存在着一种可以被解放的、自然的、生物性的性存在。相反，福柯和其他社会结构主义者强调，应当把性存在看作一种由社会和政治环境所塑造的社会经验。然而，虽然基于“出柜”或“揭露”（宣布公众人物为同性恋者）等策略的政治行动，从一方面强化了男同性恋者和女同性恋者这样的分类，但强调性身份是一种“选择”和政治行动（虽然不是所有同性恋激进主义者都同意这样的观点），也改变了性身份的本质。不仅如此，自福柯写作的时代开始，更广阔范畴内的男女同性恋阵营也开始了更大程度上的分裂，具体表现为商业性和激进性的同性恋亚文化，这些亚文化服务于皮衣女同性恋者、施虐受虐同性恋者、充当男性角色/女性角色的女同性恋者、女装男同性恋者、女性化的女同性恋者、双性恋者、泛性恋和全性恋者、同性恋共和党人、无政府主义——女同性恋的——女权主义者、男同性恋退伍兵、同性恋摩门教徒、英国男同性恋光头党，或者爹地一族（对年轻的成年男子有性兴趣的年长男子）。更广泛意义上的身份分类及相关的政治利益的性质改变和分裂，为性政治创造了新的机遇，也给联盟政治带来了新一轮的挑战，还带来了新的排他主义。

保守主义的性政治

由酷儿主义理论家所倡导的、由后现代性恋者践行的、激进的性的社会模型，在过去的20年中面临着性的宗教和生物模型再度盛行的挑战。比如，天主教会目前还是正式将同性恋定义为“道德恶行”。20世纪80年代起，基督教和其他宗教主义在整个西方世界的兴起，使得对于性变态的传统道德谴责再次兴起。在政界，基督教右派激进主义基本上是同性恋权益运动最激烈的反对者，这样的情形以美国尤甚。作为一项社会运动，基督教右派主要依据福音派新教团体的主张，即性放纵的上升趋势带来了“道德沦丧”的局面，而女权主义和同性恋运动又给以父权制和异性恋为基础的家庭制造了威胁，为抵抗这样的局面和威胁，就要守卫和恢复“传统价值观”。

然而，运动内部的政治策略也不尽相同。如美国基督教男性群体运动“守信者”，主要致力于“精神的、道德伦理的、性的纯洁性”（“守信者”条规第三条），以及“通过爱、保护和《圣经》的价值观，建立稳固的婚姻和家庭”（“守信者”条规第四条），但其最推崇的，则是男性气质而非性取向，该组织的根本目标——在异性恋家庭中重建传统的性别地位——也间接表明了这一点。相反，一些美国组织如“传统价值观联盟”，则倾向于不仅认为同性恋不道德，而且将其看作危害社会和“摄走”年轻人的力量，因此他们专门致力于反对同性恋权益。颇有恶名的堪萨斯州威斯特布路浸信会认为，各种降临于美国的社会灾难，包括艾滋病、“9·11”事件、美国士兵在伊拉克的死亡，都是上帝对美国纵容同性恋的惩罚，美国是罪有应得。它的网站“上帝憎恨柴棍”（大标题“欢迎，亚当堕落的子女们”）声称“上帝憎恨美国”（以及瑞士、加拿大、爱尔兰和墨西哥），因为它有着“亵渎上帝的鸡奸文化”。

许多西方国家都有针对男女同性恋者的基督教支持团体，它们将同性恋视为一种受到误导的生活方式选择，致力于“帮助”那些希望过上“体面”的异性恋生活的人。比如，其中最大的团体之一“解脱国际组织”承诺，“通过耶稣基督的力量助人从同性恋中解脱”，为“与有害的同性恋诱惑作斗争的男性和女性”和想要“变成异性恋”的人提供“修复疗法”，此外还召集一年一度的“解脱会议”（2007年的大会名为“革命”）。

虽然宗教和保守团体仍然以“家庭价值观”为旗号，反对性取向的多样化，并在很大程度上主宰了性的道德模型，但在各项争取平等权利的运动中，倡导尊重性取向多元化的其他声音也一直存在。面对反复出现的道德激进主义和性保守主义思潮，杰弗里·威克斯和许多其他各派的酷儿主义理论家试图阐释其他“改良版的”性存在价值观模型。不仅如此，不少宗教机构的自由派神学家也以不同版本的基督教伦理为依据，发声支持同性恋对权益的要求，而新保守主义则对性身份作出了重新定义，提倡从政治立场推进平等。相对于酷儿政治赖以形成的左派激进立场，新保守主义的立场在保守的同时又具有解放性。这一反酷儿同性恋政治派别的典型代表有现居美国的英国作家安德鲁·苏利文，他曾著有《保守主义的灵魂：我们曾如何失去它，又将如何将它找回》（2006年），还有小木屋共和党人（共和党的同性恋支派）。在文化领域，“熊人”运动近年来也风头正健，该运动赞扬传统的男性特征明显（拥有身体和面部多毛的特征）的男同性恋者或双性恋者，反对所谓的“阴柔”的方式和作风。

性的生物模型在近年来进化科学和基因科学迅猛发展的影响下，也重新焕发了活力。如雄心勃勃的“人类基因工程”，就致力于描绘出人类DNA的整个序列。基因研究领域的进步，使得对于性行为和性身份的生物学和遗传学解释重新盛行起来。比如，1993年的《科学》期刊上曾发表了哈默等人对果蝇进行的一项研究，由此人们认为同性恋可以用“同性恋基因”来解释。该研究宣布基因排列方式和性取向之间存在联系——这一发现一直遭到激烈质疑。20世纪90年代的诸多研究也试图找出许多生物特性背后的原因，如同性恋者中有更多人是左撇子，还有一些其他的研究继续认为同性恋是性荷尔蒙的分泌失调所致。美国国防部等机构继续从生物和医学的角度来定义同性恋，认为它是一种精神失常行为。最后，一些刺激性功能的产品如药物“万艾可”的研发也寓示着性存在这一概念的深度医学化。

性政治内部截然相反的两派立场，都以性的生物模型为依据。举例来说，一方面，所谓“同性恋基因”的发现引发了一些人呼吁对性偏常现象进行基因“修正”；但另一方面，1993年的《时代周刊》曾刊登了一篇兰姆达法律辩护基金会的一位代表对同性恋基因的“发现”表示欢迎的文章。他的观点是，该发现意味着同性恋者“不能左右自己的性取向”，因此不应当被歧视。和性的宗教模型一样，对于性的生物学理解，既将性偏常现象病理化，又成为了为其争取平等权利的依据。

基因学领域的最新进展也使一些受到集体关注的问题再次进入公众视野，如遗传、生育控制、福利制度的未来等，这些问题也被纳入政治议程。一些新的举措，如怀孕期间的基因咨询，引发了一些人的担忧，因为过去的优生措施曾带来过教训，但它们对另一些人来说，则意味着改进民族整体基因储备的希望。比如基因科学家赫尔曼·穆勒曾在美国建立了一个“精子银行”，它一直运行到1999年，打算通过提供诺贝尔奖获得者的精子以改进美国的基因“质量”。但这一计划遭遇了惨败，因为获奖者不愿意参与捐献，即使有少数（老年）科学家愿意捐献，其精子质量也很低。

在更大的范围内，政治家们公开表达了对“不受欢迎”的公民群体，如穆斯林移民的较高生育率的担心，比如20世纪90年代法国的政治家们曾对此发表过意见。在此之前，西方国家就曾对于印度、中国等非西方国家的高生育率表示过担忧。与繁衍有关的女性性存在，继续成为国家政策的特别关注点。比如，在20世纪70年代早期的美国，每年约有10万至15万低收入妇女接受了联邦政府买单的绝育手术，她们这么做的原因，常常是因为政府威胁要收回发给她们的福利补贴。美国禁止滥用绝育委员会对此进行了诉讼，联邦法官在1974年的一项裁决中宣布这类行为非法，但一般认为，这一裁决并未刹住强制绝育的势头。到20世纪80年代初，据估计约有24%的非裔美国妇女、35%的波多黎各裔妇女，以及42%的美国印第安妇女（相比之下，只有15%的白人妇女）接受了绝育术，这些手术很多都是在当事人不同意或不完全了解后果的情况下进行的。目前还有一些组织，如“阻断工程”（曾经名为“需要社区关怀的孩子”）组织，向男女吸毒者提供现金，鼓励他们接受绝育或输精管切除术。20世纪90年代开始，共和党的政客们也开始呼吁对“杂乱”的人口群体，包括吸毒母亲和其他福利救助对象施行强制绝育，此举引发了外界对于“新优生政策”的声讨。

在欧洲国家，近期关于移民的文化论战的焦点是性伦理方面的争议。穆斯林移民因为拒斥西方的性解放和妇女解放，以及对性取向的多样性缺乏宽容而备受谴责。文化上的“外来者”被认为比本土人群更具有性压抑倾向，这和早期历史对于非西方人的性存在的描绘相比，是一个有趣的反转。的确，西方人一直在“东方”文化中寻求性幻想。很多西方知识分子对“东方”的异国情调的描绘，都充满了无尽的感官刺激和毫无罪恶感的淫乱行径，如18世纪法国理论家孟德斯鸠的《波斯人信札》（1721年）、19世纪法国小说家古斯塔夫·福楼拜的作品和19世纪的探险家理查德·伯顿爵士(《天方夜谭》和《爱经》的译者）的作品。早期西方人类学家的作品也大抵如此，比如玛格丽特·米德的《萨摩亚人的成年：为西方文明而作的原始人类的青年心理》(1928年）和布罗尼斯拉夫·马林诺夫斯基的《野蛮人的性生活》（1929年）都照例将非白人的种族描绘为更贴近于自然，因而在性方面更加自由的种族。相比较而言，西方人的形象

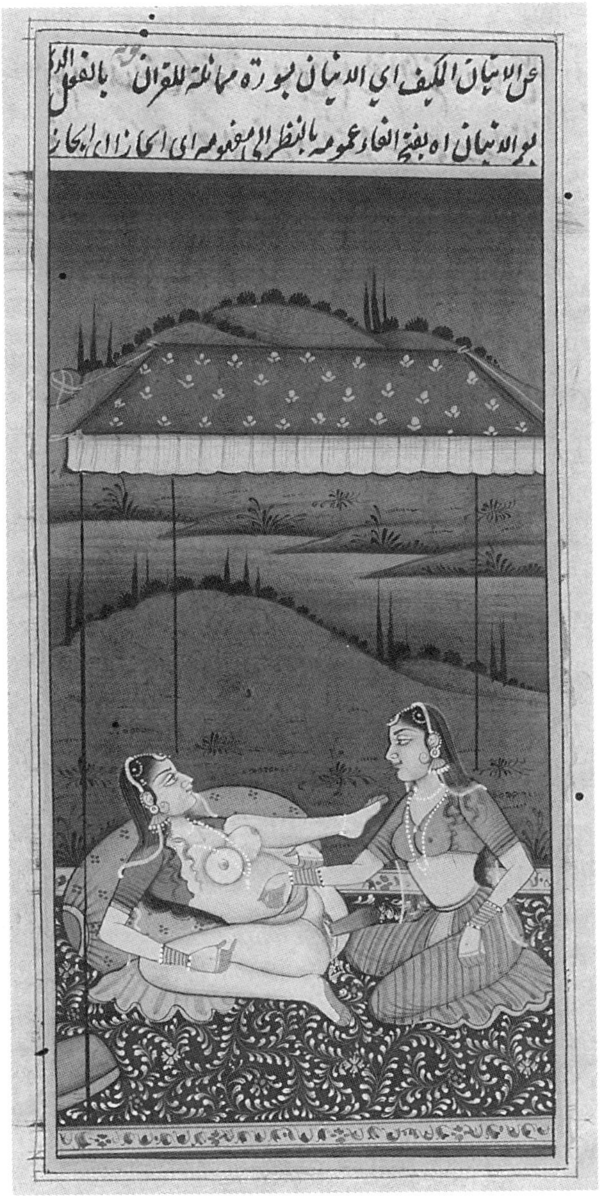

图12 19世纪的印度，一位妇女用根类蔬菜作为假阳具，对另一女性进行爱抚。

则更加文明开化，因而在性方面更加克制。黑人男性则被普遍认为拥有比白人男性更加旺盛充沛的性能力，这也反映了西方人关于性和种族的幻想与焦虑。

性存在与权力

因此，近年来关于性存在的争议，进一步说明了性存在与权力的社会关系之间的复杂关联，权力的社会关系由历史上的性别、社会阶级和“种族”所形成。用米歇尔·福柯的话来说，性存在构成了：

> 权力关系的一个特别密集的转接点，这种权力关系存在于男人与女人之间、老年人和年轻人之间、父母和子女之间、师生之间、僧俗之间，以及管理者和民众之间。

和性解放范式下的观点相反，福柯认为性存在不能简单地对抗权力。我们之前曾经明确过，马尔库塞、赖希和弗洛姆等弗洛伊德派的马克思主义者曾在20世纪60年代提出，性是一种受到现代文明和资本主义压制的正面力量，性解放能够从根本上改变社会秩序。20世纪60年代之后，这种性革命会解放性存在和颠覆更大范围内压迫性的权力结构的希望已经逐渐消失。

但性存在和权力的关系却变得更重要了，因为正如福柯所强调的那样，我们和作为性生物的自己的关系，构成了现代身份的中心。英国社会学家安东尼·吉登斯也曾提出过类似的观点，他称：“某种程度上……性存在是我们自身的一个可塑的特征，是身体、自我身份和社会规范的一个联结点。”不过，对于性存在在现代人自我身份中的中心地位的政治意义，福柯和吉登斯却持不同意见。福柯认为，性存在是现代权力关系的首要目标，也是社会对于“杂乱”人口进行分类的根本准则，而吉登斯却认为过去的几十年中，“纯粹”关系的流行是一种正面的现象。他口中的“纯粹”关系，指的是这样一种关系：女性所处的社会环境使其对男性的经济依赖减少，因此一些退出性的选择开始变得可行，如要求离婚。虽然纯粹关系与传统婚姻相比更为脆弱，但传统婚姻是靠背后更广大的社会制度支撑的，相比较而言，纯粹关系蕴含着对亲密关系的改变，这种改变对私人生活和公共领域中的民主化均有裨益。吉登斯以及德国社会学家贝克和贝克-格恩施海姆认为，女性率先发起了对性存在和亲密关系的更平等的理解。在他们看来，男性性存在的根本变化，是女性试图改变生活方式的斗争所取得的结果。正如贝克和贝克-格恩施海姆所说：“男性的解放是一个被动的事件。”他们还说，男性“似乎是以旁观者的身份参与了自我解放”。

毫无疑问，男性和女性之间的关系在过去的几十年中发生了急剧的变化，男性气质和女性气质的标准范式也是如此。虽然以前的理论认为男性性存在具有内在根本的暴力性，现在却出现了不同的解释，强调了男性（在异性关系）性经验中的被动性和脆弱性。这样的解释出现的背景是更大范围内的“阳刚危机”，而“守信者”之类的组织总是用宗教激进主义的答案来解释这一现象。同样，近期关于性功能药物“万艾可”的争议也可以以不同的方式来解读：它占领市场的速度可以看作是某种男性愿望的胜利，但同样也可以看作是进一步强化了男性不存在问题的性能力（和心理压力）。围绕性别和性的交叉点，也出现了全方位的分析，从将女性性存在病态化，将男性的异性恋视作性科学和医学领域内理所当然的范式，到将男性性经验进一步问题化。这也提醒了我们，用政治理论家特雷尔·卡弗的话来说，“性别一词不仅仅意味着女人”。

从20世纪80年代末期起，性存在问题成为西方各项政治议程上的热点话题，范围覆盖了各国以及国际上的相关问题。很多引发争议的问题，如少女怀孕率上升、性传播疾病的防控、卖淫业的管理、对儿童的性剥削、互联网色情影片、军队中的男女、同性恋者、同性恋“婚姻”和子女收养、仇视性犯罪、新生育技术，以及政治家们的“私人”道德都成为公众热烈讨论的话题，一些如堕胎许可之类的旧问题如今也引起了新一轮的热议。艾滋病、性旅游业、跨境贩卖妇女和互联网恋童癖等问题，说明了性政治的国际化本质，也体现了道德纯洁性话语的再度兴起及其政治影响力。在性存在的政治背景和更大范围内的社会和技术发展的背景下，性存在的概念在过去的几十年中经历了深刻的变化。现代性科学也记录了这样的变化给个人行为带来的影响。有点讽刺的是，引发性和权力关系变化的主要因素，是那些医学和性学领域内，与处于霸权地位的、男性的、异性恋的性存在相比处于边缘地位的因素，也就是女性的、男同性恋的或女同性恋的性存在，本书中从头到尾都体现了这一点。

在这一过程中，社会对于性存在概念的理解也趋于多元化。性解放理论家认为性快感是实现人类潜能和幸福感的关键所在，但一些不同的看法却认为性存在是引发危险、死亡、道德堕落、商业剥削、男性暴力、政治上的独断专行以及身份不稳定的因素。

流动的性

原则上，现代社会的个体可以凭自己的意愿选择性身份，但

图13 辉瑞制药/《性无能联盟》杂志广告，封面人物为传奇足球巨星贝利，该广告出现于2002年。

他们往往并不只是凭自己的意愿选择。现代的社会和政治背景为性方面的可能性提供了舞台。比如，互联网之类的新的通讯技术为人们提供了新的性选择，包括在网络空间采取“虚拟”身份和面对更多潜在的性伴侣。正如社会学家西格芒特·鲍曼在《流动的爱》一书中所提出的，现代世界是一个以社会关系整体上的流动性为特征的世界，这一现象使人们不愿意投入长期的关系，因为“更好的产品”可能就在不远处。可供选择的性商品的专门化也体现了性的亚文化的碎片化。Gaydar等男同性恋交友网站的用户已经遍及全球，有来自阿尔及利亚、阿富汗、巴基斯坦和刚果共和国等国家的用户。还有更加专门化的交友中介机构，专门为某一类人服务，如“异性恋的、非犹太人的白人”、“同性恋黑人女性”、“被困于不愉快婚姻/恋爱中的人”。曾有特蕾莎·克伦肖等著名性学家加盟为顾问的“安全爱国际联盟”，也承诺其成员全部“无艾滋病”，该组织现已不复存在。

现代性世界的公民们也以新的方式理解他们的个人身份和问题。由撰写《大步奔向蛾摩拉①》（2002年）一书的美国同性恋作家丹·塞威治负责的、跨国运营的热门互联网性爱顾问专栏《塞威治谈爱》中，就曾有读者来信提到自己的困境，反映了上述问题：

> 过去的15年中，我一直认为自己是双性恋者：我在同一时期内和某个男人或女人保持一对一的关系。几年前，我和一位完美的男人结了婚。但是，最近我意识到我认为自己是同性恋者。我告诉我的丈夫这件事，他对此并不介意。我打算

---

① 《圣经》中的罪恶之城。

继续和他生活下去，保持一夫一妻的忠实关系。我们的感情非常好——性事也是如此。至于我以后是否会找一位女性伴侣——如果我需要的话，我们接受这样的可能性。目前，我和他在一起很开心。我也和女人打情骂俏，我们不避讳谈论我的性取向。但从我和他结婚之前开始，我就没有和女人发生过性关系。我对此也并不介意。所以，我为难的地方在于：如果我和一个男人结了婚（并且有性关系），我还可以把自己叫作女同性恋者吗？我不太愿意继续停留在“双性恋者”这个身份，因为我对于其他的男人没有兴趣。在我没有和其他女人发生性关系的情形下，我还可以把自己叫作女同性恋者吗？

在现代性行为的流动世界中，人们可以通过性顾问专栏、知心大姐节目、心理治疗师、类似“匿名性成瘾者”的支持团队、自助类的书籍和性手册等手段，来获取恋爱法则、性礼仪、性技巧等方面的建议。《爱欲泛滥的女人》、《拯救恋爱》、《如何放弃爱情》或《如果很受伤，那就不是爱》等图书，引导读者处理亲密关系和感情世界中的复杂问题。另外一些作品则采取了更加实际的视角，如《性练习》（“会帮助你在享受时更加自如！”）、《让你享受性福的书》（“人人不可缺少的性爱宝典”）和美国性学家鲁斯医生的《笨人性爱》。还有一些书籍旨在满足各类人群更细化的需求，如《热爱刺激的性伴侣如何使用捆绑式阴茎》、《同性恋的性快感：男人的宝典》、《60岁后崭新的爱与性》、《女同性恋手册》和《让浪漫变成可能：残疾人性爱与约会宝典（同样适用于那些爱他们的人）》。

《黄金法则：俘获那个他的屡试不爽的秘诀》（1995年）等畅销的自助类书籍，重现了男性和女性性行为和性需求的传统标准范式，其依据是男人和女人是生物特性上迥异的动物。“在一段关系中，男人必须负起责任。他必须采取主动。这不是我们凭空捏造的——生物学上，男人是进攻者”；书中的“不要主动和男人说话（也不要邀请他跳舞）”等原则，表达的就是这样的观点。

然而，也有人尝试脱离主流的范式，往往是通过建立新的标准范式。雪儿·海蒂就曾强调，女性经历性快感很有必要：

> 如果你达不到性高潮，你也可以阅读性治疗书籍和女权主义读物或试图与朋友交谈，了解她们如何拥有性高潮。你还可以尝试加入当地的女性自助组织，或者求助于性治疗师，或者找一个足够敏锐、能帮助你的情人。不要灰心。许多女人很多年都不知道如何达到高潮，后来通过学习才知道；而且，知道什么样的方式适合你，永远不会太晚。

目前性存在的变化和政治，开始将性霸权和“正常”的性形式问题化。女权主义对于性存在的批评，促使人们对性存在有了更广义的理解，不再仅仅局限于阴茎侵入式的性交。主张自由选择的男女同性恋社团以及伴随而来的政治激进主义，也公开宣示了西方社会近几十年来性秩序和性别秩序的深刻变化。

通过在性和性别的交叉领域内所做的激进实验，“酷儿中的酷儿”也许成为了我们时代的性革命者。早期自我阉割的基督教徒、无政府主义的自由恋爱者、20世纪60年代的摇摆者、赖希派的性解放主义者和政治女同性恋者都来自性这一概念的外围，却为性这一概念创造了新的意义和行为方式。同样，后现代性恋者中的“女同性恋分离主义者先成为专业的女性施虐狂，然后又爱上了一个从男性变成女性的变性者，决定自己也要变性，再然后变成了男人，认识到自己如今是一个‘男同性恋者’”这样的问题，也对被我们自己视为理所当然的、最基本的性别和性身份提出了疑问，生动说明了（后）现代社会提供的更多的流动性所带来的可能性。

这是不是意味着，未来我们都会将自己视作后现代性恋者呢？我们是不是正见证着异性恋和同性恋概念消亡之前的剧痛？正如我们已经知道的，目前的性“真理”和性身份，都是相对较近的历史背景下的产物，由性科学和医学所催生。性在未来也很可能会彻底挣脱19世纪“性存在”概念的束缚，因此性理论家呼吁一种集体的“无性化”。同时，当下性存在政治的现状，让我们没有理由认为一个“无性”的未来世界会很快到来，毕竟宗教激进主义的强烈冲击和科学语境，为对于性的传统理解提供了支持，使其卷土重来。然而，可以肯定的是，基于道德多元主义的、性的其他可能的未来方向，无法脱离新的性标准范式、新的权力关系和新的国家政策。没有一种文化能够拥有“完全”的性自由，用社会学家肯·普卢默的话说：

> 不管关于性多元化的言论听起来有多么中立和客观，它仍是关于权力的言论。每一种文化都必须确立——通过正式和非正式的政治程序——一个尺度和范围，规定哪些性方式是要被定义为非法或要被禁止的。

正如这本书所要证明的，性需求、性价值观，以及与性有关的情感，都是特定历史背景下的产物。如今我们的一些行为，可能会导致“性存在”的概念弱化。但是，无论科学和技术的进步会给人类的身体和彼此间的关系带来怎样的变化，未来性这一概念的意义，仍然会由社会和政治来塑造。

索引

（条目后的数字为原文页码）

A

B

C

F

G

H

I

M

N

O

P

Q

R

S

T

U

V

W

Y

Véronique Mottier

SEXUALITY

A Very Short Introduction

Contents

Acknowledgements

Parts of this book were first developed in conjunction with my lecture series on 'Sexuality and Social Exclusion', 'Sexuality and the Dynamics of Intimacy', and 'Gender, Sexualities and the State' at the Faculty of Social and Political Sciences and the Centre for Gender Studies of the University of Cambridge between 1999 and 2008. Many thanks to students and other audiences for their probing questions and feedback. The book also draws upon some of my previous research, which was financially supported by the Swiss National Science Foundation (grants 61-66003.01 and 3346-61710.00). I thank Jesus College, Cambridge, and the Institute of Anthropology and Sociology, University of Lausanne, for institutional support.

I am deeply grateful for helpful comments and suggestions from Max Bergman, Lucy Bland, Terrell Carver, Clare Chambers, Jackie Clackson, John Cornwell, Christine Delphy, Rebecca Flemming, Peter Garnsey, Natalia Gerodetti, Anthony Giddens, Simon Goldhill, Geoff Harcourt, Wendy Harcourt, Tim Jenkins, Gerry Kearns, Duncan Kelly, Philippa Levine, Juliet Mitchell, Helen Morales, Martine Moret, Ilja Mottier, Yannis Papadaniel, Patricia Roux, Rupert Russell, Janet Soskice, Bernard Voutat, and Hans Wijngaards. I am also grateful to James Thompson, Andrea Keegan, and Marsha Filion from Oxford University

Press for suggesting and supporting this project; and to Olaf Henricson-Bell and Alyson Silverwood for copy-editing the text. It goes without saying that on such contested terrain, the views of the above are not necessarily reflected in this volume. Last but not least, many thanks to my husband James Clackson for numerous scholarly as well as other contributions.

List of illustrations

The publisher and the author apologize for any errors or omissions in the above list. If contacted they will be pleased to rectify these at the earliest opportunity.

Introduction

Sex is everywhere in the modern world. We are surrounded by a cacophony of advice columns, celebrities, agony aunts, chat shows, TV evangelists, therapists, women's and men's magazines, and self-help literature which tells us how to conduct our intimate relationships. Sexual imagery is used to sell us everyday products such as cars or clothes, or to sell sex itself, while sex aids, porn, and potential sex partners – real or virtual – are just one click away on the Internet. Modernity is a world populated by people who define themselves as gay, lesbian, straight, bisexual, bi-curious, exhibitionists, submissives, dominatrixes, swingers (people who engage in partner exchange), switchers (people who change from being gay to being straight or vice versa), traders (gay men who have sex with straight men), born-again virgins (people who have, technically, lost their virginity but pledge to renounce sex until marriage), acrotomophiliacs (people who are sexually attracted to amputees), furverts (or furries – people who dress up in animal suits and derive sexual excitement from doing so), or feeders (people who overfeed their, generally obese, partners). The important point here is that we draw on these categories in order to make sense of who we are: we define ourselves in part through our sexuality. How have we come to believe that sex is so important to who we are? As we shall see in this volume, this linking of 'sexuality', understood as the way in which people experience their bodies, pleasures, and desires, with sexual identity is in fact a modern phenomenon, which has emerged only in the course of the 18th and 19th centuries in Europe. That is not to say that people did not engage in sexual activities before modernity. Rather, the way in which people made sense of their erotic experiences was radically different from contemporary understandings of sexuality.

Sex is a cultural object. Just as the differences between men and women cannot be reduced to biological factors alone, but are more adequately understood in terms of the concept of 'gender' which takes into account the social meanings that different societies attach to masculinity and femininity, sexuality is not a natural, biological, universal experience. The ways in which different cultures and different time periods have made sense of erotic pleasures and dangers vary widely. Sexuality is shaped by social and political forces and connects in important ways to relations of power around class, race, and, especially, gender. Indeed, this book will demonstrate that sex, gender, and sexuality are closely intertwined; cultural understandings of sexuality have been structured by normative ideas about masculinity and femininity, in other words, 'proper' ways for men and women to behave.

Against this backdrop, this volume will explore social and political meanings and struggles around sexuality in modernity, primarily – though not exclusively – in the West. The main focus will thus not be on people's concrete sexual practices, but rather on raising sexuality as a social and political question. Chapter 1 examines historical ways of thinking about sex, focusing on ideas developed in antiquity and Christianity, while Chapter 2 analyses theories, controversies, and disagreements around models of sexuality in modernity. Chapters 3, 4, and 5 further elaborate the main theme of sexuality as a site of social and political struggle, by focusing on challenges 'from below' in the form of feminist critiques of sexuality (Chapter 3), the regulation of sexuality 'from above' by the state (Chapter 4), and gay politics, religious fundamentalist mobilizations, and the future of sex (Chapter 5).

Chapter 1
Before sexuality

> Male lions don't desire male lions, because lions don't do philosophy.
>
> ps-Lucian, c. 4th century AD

Sex in the ancient world

In Plato's *Symposium*, Aristophanes tells a story about the origins of human beings. According to his myth, humans descend from creatures who had spherical bodies, genitals on the outside, four hands and feet, two faces each, and were divided into three genders: one group had two male genitals; the second group had two female genitals; and the third group, hermaphrodites, had one of each. Over time, the creatures became arrogant and uppity. To punish them, Zeus split them in two. In that state, they clung to their other halves, dying from hunger and self-neglect because 'they did not like to do anything apart'. Zeus took pity on them, and invented a new plan, moving their genitals so that they could have sexual relations with each other. Each of us is a half of a human being, and each seeks his or her other half. Men who are split from the hermaphrodite desire women; women who descend from a female creature 'do not care for men, but have female attachments'; and men who are split from a male body prefer to pursue males, and in their boyhood 'enjoy lying with and embracing men ... because they have the most manly nature, and ... rejoice in what is like themselves'.

Aristophanes' speech became a famous myth of origin, but what does it mean? At first sight, it seems to suggest that the ancient Greeks thought that some people desired only members of their own sex. Many classicists disagree, however, and point out that it is not for nothing that Plato has Aristophanes, the comic poet who is always coming up with the most outrageous, playfully ironic, and ultimately absurd suggestions such as a parliament of birds or women entering politics, tell this story. Certainly, for most Graeco-Romans, the idea of classifying people according to the gender of the person they have sex with would have seemed downright bizarre. Antiquity was not a culture of sexual libertarianism. Sexual morality was highly regulated by moral and legal rules. However, moral preoccupations centred on sexual practices, not on the subject of desire. The ancients did not make sense of themselves in terms of sexual identities, whereas the policing of gender identity was of central importance to them, as we shall see. Consider the contrast with the ways in which modern subjects make sense of their sexual experiences. Categories such as heterosexual and homosexual are a central source upon which we draw in order to make sense of our own sexuality. It is in this sense that the classical world has been described as a world 'before sexuality' by historians such as Michel Foucault, Paul Veyne, David Halperin, or John Winkler. The ways in which sex was conceptualized and the cultural meanings that were attached to it were radically different from today.

Sexual culture was far from homogeneous across the ancient world. Substantial regional and historical variations existed, which cannot be done justice to in the format of the present short introduction. In this section, therefore, we will concentrate primarily on classical Athens and Rome. Taking a closer look at the ways in which ancient Athenians and Romans made sense of sex will provide a useful backdrop and contrast against which we can draw out critical questions about sex in the modern world.

Classical Athenian sexual culture must be located in its social and political context. Greek society was based on the political and social rule of a small elite of adult male citizens; citizen women and children occupied a socially subordinate position and had no political rights, and immigrants and slaves had no citizenship status. More precisely, Athenian women had the status of minors and were always under legal guardianship of a male relative. Reflecting the social power of male citizens, sexual culture was organized around male pleasure. The ancients adopted a phallocentric notion of sex, defined exclusively as penetration. While kisses, caresses, and forms of touching other than penetration were considered expressions of love, they were not considered part of the sexual domain. Sex was thus not construed in relational terms, as a shared experience reflecting emotional intimacy, but as something – penetration – done to someone else. The physical pleasure, or indeed collaboration, of the partner was broadly considered to be irrelevant. Men were encouraged to use penetrative sex for domination and control of the submissive partner. Sex reflected social and political relations of power, since men performed their social status as citizens in the arenas of war, politics, and sex.

Sexual culture was closely intertwined with notions of sex and gender. Medical knowledge of the time saw bodies as fragile, consisting of liquids in a precarious balance affected by age, diet, and lifestyle. Ageing and, ultimately, death was understood as a process of cooling and drying out of the body. Consequently, cultural preoccupations emerged with diet and other ways of maintaining a healthy equilibrium of fluids within the body. Following Galen, the 2nd-century AD Roman author of medical treatises, gender was similarly understood as a fluid state. Men were seen as active, hot, and strong; women as passive, weak, damp, and cold, losing body heat and vital energy through leakage such as menstruation, and robbing men of their heat and energy through sex. Sex itself was conceptualized as involving heating of the body. Aesthetically, the Greeks seem to have had a preference for male bodies with puny penises, with the added benefit that they were less at risk in war.

As the historian Thomas Laqueur has pointed out, the classical model of gender involved a 'one-sex model': since gender was understood as fluid, men risked becoming more feminized if they lost heat, while women could become more like men if their bodies heated up. The psychological consequence of such beliefs was that gender did not appear as a stable, biological characteristic, but as an identity that was potentially under threat. Men risked feminization when losing vital body heat, as they might during excessive amounts of sexual intercourse with cold female bodies and loss of liquids through ejaculation. While sex was thought necessary for good health, too much of it was thus considered dangerous for men. In contrast, women's cold, moist bodies needed male sexual heat to compensate for their lack of vitality. Even more crucially, women needed the liquidity of seed in order to keep the womb stable (which the Hippocratic school of medicine believed to be free-floating), so that it didn't wander off in search of moisture elsewhere in the woman's body and end up suffocating her.

Such medical beliefs were reflected in the view held by the ancient Graeco-Romans that all women were by nature oversexed, as echoed in the myth of Tiresias, which is best known in the version in Ovid's *Metamorphoses*. Ovid tells the story of the man Tiresias who was, for seven years, transformed into a woman by the gods, before reverting back to his male body. Having experienced sex both as a man and as a woman, Tiresias was later asked to settle a dispute between the god Zeus and his wife Hera as to whether it is men or women whose sexual pleasure is more intense. When he declared that it was women, Hera struck him blind in retaliation for having given away this female secret.

Considered inferior creatures to men, women were seen as lacking the male capacity for sexual self-control. Female sexuality was therefore dangerous, since women's sexual voracity could exhaust men or, worse, turn them into women. In a society where the social and civic status of women was extremely low, male anxieties centred on the need to stabilize masculinity by establishing and policing gender boundaries. Male gender identity was fragile, since masculinity was not founded on the possession of a male body (because the body was seen as unstable and at risk of slipping into femininity), but on the aggressive performance of masculinity in everyday life, including in the sphere of sexual interactions. In defending one's masculinity against potential attacks, male sexual performance, rather than male sexual desire, was central. Flagging of male lust was consequently seen as a humiliating failure of masculinity, and was a frequent source of comedy in novels and plays. In one of the best-known passages on male sexual misfortune in classical literature, the hero of Petronius's Roman novel *Satyricon*, Encolpius, attempts to have sex with the beautiful Circe, who has told him he must give up his 16-year-old boyfriend Giton for her, when disaster strikes:

> Three times I whip the dreadful weapon out,
> And three times softer than a Brussels sprout
> I quail, in those dire straits my manhood blunted,
> No longer up to what just now I wanted.

As suggested by the medical author Priscianus, erotic imagery was thought to be a cure for declining virility: 'Let the patient be surrounded by beautiful girls or boys; also give him books to read, which stimulate lust and in which love-stories are insinuatingly treated.' Failing that, dancing girls, or various aphrodisiac stimulants, catalogued at great length by Pliny the Elder in his *Natural History*, were recommended. More generally, sexual imagery, and especially images of the erect phallus, a symbol of male power used to ward off evil, was present everywhere in everyday life in the ancient world.

1. Winged phallus from Pompeii, probably used for home decoration, 1st century AD

Archaeological evidence suggests that frescoes, wall-paintings, graffiti, and sculptures of the erect phallus and other sexual and fertility imagery would adorn the gardens and homes of wealthy households, as well as everyday household objects such as wind-chimes or pottery. Dildos and other sexual aids are frequently mentioned in ancient literature and depicted on pottery, while didactic sex manuals were popular, as were more general advice books such as the *Ars Amatoria* by the Roman poet Ovid which contained three books of advice to the prospective lover, followed by his *Remedia Amoris* which proffered handy tips to those suffering from heartbreak.

Normative ideas of masculinity valued aggressive, dominant behaviour, both in public speaking and in other areas of life, including sexual activity. Masculinity was identified with the active, penetrative sexual role. Sexual desire was seen as normal or deviant in relation to the extent to which it transgressed normative gender roles. Specific practices such as sodomy or masturbation did not give rise to moral anxieties in classical sexual culture. Questions of sexual etiquette centred instead on penetration. Penetration symbolized male as well as social status, but it mattered little whether the penetrated was a woman or a boy. What did matter was who penetrated whom. Penetration was seen as active, submission to penetration as passive. It was considered unnatural and demeaning for a free-born man to desire to be penetrated, since that would reduce him to the socially inferior role of a woman or slave. 'Proper' objects of penetration were women, boys, foreigners, and slaves, all categories of people who did not enjoy the same political or social citizenship rights as the free Athenian male citizens. Social status was negotiated around the active/passive distinction, not on the basis of heterosexual/homosexual categorization, which only emerged much later in history.

Rules governing sex were thus structured by the norms of political citizenship. As the classicist David Halperin puts it: 'Citizenship, for free Athenian men, was a sexual and gendered concept as well as a political and social one', and antiquity promoted an 'ethos of penetration and domination' which conflated the sexual order with the political and the social order. Antiquity thus did not make a clear distinction between the public, political sphere and the private, sexual sphere. Accusations of sexual impropriety were commonly used weapons against political opponents. This widespread sexual abuse in public discourse could be very explicit, and could have important consequences for the abused, including loss of citizenship. Within the hierarchy of sexual acts, the most demeaning was the accusation of cunnilingus, closely followed by that of fellatio since being penetrated in the mouth by a penis was considered degrading for either man or woman (and therefore best practised with prostitutes or slaves). People from the island of Lesbos had the reputation of engaging in particularly depraved sexual activities. It is thus that for the ancient Greeks, the verb 'lesbiazein' meant 'act like a lesbian', or more particularly, 'fellate', with no gender specificity except for the recipient.

Relationships between men were socially acceptable, common, and widely reflected in the literature, art, and philosophy of the time. Attitudes on male-to-male sex were not homogeneous, however, and disputes on whether desire for young men or for women was superior abounded. Some argued that love for men was superior to that for women, since love between equals was preferable to that for inferior creatures. As the *Erotes*, an ancient Greek dialogue of uncertain authorship on the respective advantages of love for men and for women, puts it:

> Marriage is a remedy devised by the necessity of procreation, but male love alone must rule the heart of a philosopher.

The text goes on to argue that sex with women serves the natural need for procreation, but that once such basic needs are fulfilled and society develops to a higher stage, men would naturally want to pursue forms of gratification which were all the more culturally superior for their lack of naturalness:

> Just because commerce with women has an older pedigree than that with boys, do not disdain the latter. Let's remember that the very first discoveries were prompted by need, but those which arose from progress are only the better for it, and worthier of our esteem.

Greek poetry promoted the idea that it was best to have armies composed of male lovers since warriors would fight hardest and be bravest in order to save and impress their lovers – an argument also put forward in Plato's *Symposium*. Plato himself, however, was among those who expressed discomfort about male-to-male sex. Most criticism centred on men who enjoyed the passive, submissive role. Such men were seen as soft and effeminate, who were really women in male bodies. By their transgression of the normative models of gender, effeminate, submissive males who voluntarily adopted the socially inferior position of women by offering their bodies to be penetrated were seen as unnatural, and a shocking threat to the social order, in the same way as women who adopted the male role (called *tribades*).

Given the importance of the penetrative role for male social and political status, relationships between adult men were a source of great anxiety, since one of the partners would have to adopt the submissive role. Relationships with boys solved this problem to some degree, since adolescent men achieved citizenship status only when reaching adult age. Classical culture had a sexual revulsion towards the idea of hair growing on a young man's cheeks or thighs. Boys were considered sexually desirable from the start of puberty until late adolescence, but stopped being so at the appearance of the beard and pubic hair. Athenians considered love affairs between adult and adolescent males as natural and honourable, on condition that sexual etiquette was respected.

The term used to describe the sexual pursuit of adolescent males by adult males was 'paederastia'. In stark contrast to modern attitudes towards sex between teachers and students, paederastia was usually conceptualized as a pedagogic and erotic mentoring relationship between an adult male, the 'erastes' (lover), and a young, passive 'pais' (boy) called the 'eromenos' (beloved), usually between 12 and 17–20 years old (though professional teachers and trainers, often former slaves, were not allowed to seduce their students, nor were slaves allowed to seduce young free-born males). Often presented as a normal part of the education of a young man, paederastia institutionalized a relationship in which the mentor instructed the boy in philosophical matters and general knowledge, and prepared him for his citizenship role.

Despite general social acceptance of paederastic relationships, the fact that free-born boys were future citizens entailed a certain degree of moral preoccupation about social status. It was therefore crucial to observe sexual etiquette in this area. In particular, boys were not expected to experience sexual desire in the paederastic relationship. If they conceded sexual favours to the older man, this was expected to be out of 'philia' – friendship, respect, and affection for the suitor. It was thought proper that boys should submit only after a respectably long and sometimes expensive courtship. Deriving sexual pleasure from male-to-male sex could open the boy up to accusations of 'feminine' shamelessness and 'less than male behaviour' (given women's supposedly voracious appetite for sexual pleasure).

Little material exists on sex between women, and historians of sex in antiquity such as Halperin or Foucault focus almost exclusively on male-to-male sex. The work of the 7th-century BC poet Sappho, born on Lesbos, is one of the rare examples of sources describing intense infatuations and love between women, though little of it survives. Male views of female-to-female sex in antiquity usually mention such practices in disapproving, contemptuous terms or, alternatively, reflect voyeuristic interest. They habitually imagine women who have sex with women as having an enlarged clitoris similar to a penis, or as adopting the male penetrative role with the aid of strap-on penises.

Although male-to-male sex has been the most intensely debated feature of classical sexual culture, it was part of a much wider landscape of male sexual options, including commercial sex and marriage. Legitimate marriage, and sex within it, was expected of every citizen whether male or female, and was a fundamental obligation to society. Respectable women were out of bounds for sexual liaisons except in marriage, which formed the limits of their sexual horizons. Adultery, defined as sexual activity involving a married woman (with the marital status of the adulterer irrelevant), was the paradigmatic ancient sex crime, and an obsession in much ancient literature. Whereas most sexual misbehaviour in the ancient world was sanctioned informally, through public censure and social dishonour, adultery could lead to complex legal consequences. Seduction of a free Athenian woman was a crime which was generally deemed more serious than rape, because a secret liaison meant that a man could not be sure of the lineage of his children, whereas in the case of rape any offspring could be identified and killed. Rape was thus primarily seen as a crime against the husband, father, or male guardian of the woman rather than against herself, and as a threat to public order due to the risk of revenge from the aggrieved male party (who was legally allowed to put the perpetrator of any adultery – whether consensual or the result of rape – to death if caught in the act). The Roman *lex Iulia* on adultery, introduced by the emperor Augustus in 17 BC, redefined adultery from being a family matter to an offence whose punishment – exile or death – was enshrined in law, and in which the whole of society had a stake. Indeed, if a husband or father failed to bring a prosecution within a certain time frame, any concerned citizen could do so.

Although spending money on dancing girls, 'nightwalkers', and other categories of prostitutes was seen as a regrettable sign of a lack of self-control, it was nevertheless considered a more respectable and certainly less risky alternative for men to illegal sex with free women. Commercial sex was freely available across the ancient world. In many Greek and Roman cities, prostitutes paid tax and thus made significant contributions to local economies. Clients were exclusively men, but prostitutes could be women as well as young and adolescent men (most often ex-slaves and other non-citizens). Sexual assignments seem to have been conducted openly both in brothels and in public spaces such as parks and cemeteries, and archaeological remains of sandals which left an imprint on the ground with the words 'follow me' illustrate forms of soliciting by streetwalkers. Men could also buy a sex slave for exclusive relations, or divide the cost among friends. For wealthy men, the use of sophisticated courtesans (*hetairai*) was an additional and socially acceptable option. As the prominent 4th-century BC Greek statesman Demosthenes put it: 'we have *hetairai* for delectation, concubines for the daily servicing of our bodies, and wives to bear legitimate offspring and to be faithful protectors of the households'. Successful courtesans – most often former slaves and immigrants – enjoyed a much greater degree of autonomy than women from citizen families, and some of them achieved great wealth and public stature.

Sexual access to the submissive bodies of women or male adolescents by sexually assertive men was of central importance for the political order of classical Athens. Classical Greeks credited Solon, the founding father of Athenian democracy, with the democratization of access to sex slaves through the establishment of public brothels in which the price of prostitutes was kept affordable for any citizen, although the factual correctness of this account is disputed. As David Halperin points out, the importance of this story lies in the link it makes between prostitution and political democracy: all male citizens, rich or poor, should be able to afford access to sexual pleasure. The provision of cheap prostitutes allowed free men whose poverty risked putting them in a socially subordinate, and therefore feminized, position to maintain their social dominance through sexual domination. Historical evidence, such as pricing information found on the walls of brothels in Pompeii, suggests that prostitutes were indeed generally cheap in the ancient world (with services in the lower price range comparable to the cost of a loaf of bread), though prices varied considerably across time and place.

The problematization of male prostitution illustrates the intricate link between sex, gender, and politics in antiquity; although male prostitution was not illegal, free men who prostituted themselves were seen to lower themselves to the level of women, immigrants, and slaves by accepting the role of sexual object. Any male Athenian who had engaged in prostitution in his youth consequently forfeited his civil and political citizenship rights.

In addition to citizenship, sex in the ancient world was also intertwined with religious practice. Some public holidays, such as an annual religious festival in Canopus in Roman Egypt, were celebrated specifically by sex, dancing, singing, and other rituals. No convincing evidence exists of temple prostitution in ancient Greece or Rome, in contrast to the ancient Near East, where the practice of sacred slave-prostitutes serving visitors was widespread; but prostitutes did have their own religious festivals in Rome, and more generally attended religious festivals either as worshippers or to work the crowds.

However, it is important to remember that Rome and Athens did not form a single homogeneous, unitary culture. Whereas Roman sexual ethics were quite similar to those of classical Greece, the most marked difference was that sodomy was much more problematic within Roman culture, and paederastic relationships (and their supposed educational advantages) were not generally idealized. Relations with free-born men and boys were legally prohibited in Roman morality laws such as the *lex Iulia*, though it was legal for a free man to have sex with male prostitutes, slaves, or foreign young men (as long as he performed the active role), or to frequent brothels. Such laws were periodically re-enacted in the Empire to demonstrate the respective emperors' concern for public morality; however, they were rarely enforced. Reflecting Greek cultural influence, revered Roman poets such as Catullus, Ovid, Horace, and Virgil wrote of love affairs between men, and one of Tibullus' poems described his heartbreak at having been left for a woman by his young male lover Marathus.

The civic status of women was higher in Imperial Rome than in Athens, where women's names were not allowed to be mentioned in public until after their death. Roman women (at least, those of the propertied class) showed greater independence than women in classical Athens. For example, although in law Roman women had to have guardians, in practice this was gradually phased out, and upper-class women could own and have control over property (after the death of their father). Sexual misbehaviour, especially by women, came to stand for wider anxieties over alleged corruption and moral decline in the Roman context. Sexual transgressions, such as adultery or sex with slaves, by upper-class women were declared criminal offences in the Roman morality laws (though again, rarely subject to actual legal prosecution), and literary material of the time reflects male anxieties about such female behaviour.

The historian and social theorist Michel Foucault has argued that Graeco-Roman rules of sexual conduct need to be located in the context of a wider set of concerns with how to be a good citizen, which included prescriptions on diet, exercise, and relations with subordinates such as wives and slaves more generally. He also pointed out that, in comparison, cultural anxieties over food were much more important than those over sex in Greek and Roman culture. Indeed, the ancient world, where everyday life was for many a struggle for survival, was 'obsessed with food', in the words of ancient historian Peter Garnsey. Preoccupations with diet and regime intensified among the Romans. In a context where the social and political power of upper-class male citizens knew few bounds and cultural anxieties about moral decline were rife, Stoic philosophers such as Seneca developed an ethos of self-control that was intended to demonstrate male elites' mastery over their appetites while also avoiding the supposed ill effects of food, drink, or sex binges. As Seneca put it: 'Morality has collapsed, perversity reigns, humanity is in decay, crime is spreading.' However, as he added in his letter to his friend Lucilius:

> You are wrong, Lucilius, if you think that luxury, contempt for morality and other vices are merely vices of our time: vices for which everyone reproves his own age. They are the defects of humankind, not of the times. No era has ever been free from blame.

To counter such propensity for hedonism, an ethos of self-mastery was presented as a morally pleasing alternative, part of an aesthetics of existence which made one's life beautiful. Leading a virtuous life meant self-imposed moderation and balance 'in all things'. Sexual self-restraint was part of this wider ethos focused on the paterfamilias, to whom any member of the household – not just his wife – was potentially sexually available.

Drawing on Hippocratic medicine, Plato, and Aristotle, Roman physicians such as Galen further emphasized the dangers of 'excess' and the benefits of nutritional and sexual frugality. Regarding sexual ethics, whereas sexual intercourse in moderation was considered necessary for health reasons, sexual excesses should be avoided since they were thought to result in feebleness, impotence, and wasting diseases for men. The famous scholar Pliny the Elder thus pointed approvingly at the example of elephants in his *Natural History*, since 'their intercourse takes place only every second year, and for five days only, and no more; on the sixth day they plunge into a river, before doing which they will not rejoin the herd'. But the concept of self-mastery also had political relevance. Eros, the force of love and desire, was feared as being potentially disruptive of the social and political order. Tyrants were typically accused of uncontrollable sexual self-indulgence, and the management of personal appetites was thus seen as essential for the survival of democratic rule, as Michel Foucault has pointed out. In the words of the ancient historian James Davidson: 'the Greeks ... felt a civic responsibility to manage all appetites, to train themselves to deal with them, without trying to conquer them absolutely'. By the 5th century AD, a culture of self-mastery had thus established itself among elites. This culture valued sexual moderation and, intertwined with early Christian influences, forms of sexual renunciation. However, despite some continuities between classical and Christian ethics, the rise of Christianity would radically transform the social and political meanings attached to sex.

Christianity and the corruptions of the flesh

Early Christianity incorporated some of the ideas on self-mastery already present in Late Antiquity, but reworked them to formulate a radically new sexual ethics. Whereas in Late Antiquity, sexual renunciation was valued as part of a male ethics of self-mastery, by the 5th century AD, Christian ideals promoted virginity and sexual abstinence for men as well as women. In the context of a shift in political power towards church authorities, sexual desire came to be blamed for binding humans to their worldly obligations to spouse or children. It prevented them from concentrating on spirituality in furtherance of the coming of the kingdom of heaven, and preparation for the afterlife. Christian hostility towards sex reflects this wider religious project of freeing humans from their worldly ties and desires. Celibacy and purity came to be valorized, whereas sex and desire became policed.

A key influence in this development was Augustine (354–430 AD), one of the founding fathers of Western Christianity, whose gloomy teachings developed the influential doctrine of 'original sin' which presented sex as the cause of the expulsion of Adam and Eve from the Garden of Eden narrated in Genesis. Augustine declared that sexual intercourse in paradise would have taken the form of 'a gentle falling asleep in the partner's arms' had Adam and Eve not fallen prey to carnal desire, and that 'lustful sex is the enemy of God'. In contrast to the classical age, for Augustine sex was not produced by the heating of the body, but by 'concupiscence' – sinful desire. Man's fall from grace expressed the victory of the 'corruptions of the flesh' over moral will power, and intercourse was tainted by original sin. Consequently, Augustine promoted sexual abstinence even though he himself had not found the struggle against 'the filth of concupiscence' easy, as reflected in his autobiographical work *Confessions*, in which he famously described himself as a youth praying to God to 'give me chastity and continence, only not yet'.

Christian ethics therefore developed a notable hostility towards sex and, more generally, towards carnal desire, which it saw as an obstacle to spiritual salvation, chaining humans to their animal lusts. The taint of sin was thought to pollute humans from the moment of birth. As Calvin put it, a newborn baby is 'a seedbed of sin and therefore cannot but be odious and abominable to God'. Whereas for the ancient Greeks and Romans, the erect phallus was a symbol of power, for Augustine it incarnated man's enslavement to concupiscence. Women were presented as even greater 'slaves to lust... worse than beasts', in the words of Origen, a Greek theologian of the 3rd century AD.

Christian attitudes towards marriage were ambivalent. Following Jesus's cue that 'if anyone comes to me and does not hate his father and mother, his wife and children, his brothers and sisters – yes, even his own life – he cannot be my disciple' (Luke 14: 26), early Christians saw families fundamentally as obstacles to religious devotion. Marriage was all the more viewed with suspicion due to the dangers of the temptations of the flesh, which reflected the works of the devil. As Pope Innocent III formulated this dilemma in the 13th century: 'everyone knows that intercourse, even between married persons, is never performed without the itch of the flesh, the heat of passion and the stench of lust'. The Protestant theologian Martin Luther shared this distaste for marital intercourse, declaring that 'had God consulted me in the matter, I would have advised him to continue the generation of the species by fashioning them out of clay'. However, Church fathers recognized that the majority of believers were unlikely to adopt the Christian ideal of the celibate life. Marriage was therefore seen as an acceptable compromise with the material world, and praised as a building block for society by theologians such as Paul who argued that spouses owed each other the 'marriage debt' of sexual intercourse as long as procreative motivations were their main purpose, and they observed monogamy and fidelity. This put a greater onus on the procreative aspects of marriage than in the ancient world, where adoption of children or adults had constituted a socially acceptable alternative to the production of heirs through reproduction. Sexual consummation of the marriage became consequently of crucial importance in the Christian world, and non-consummation was declared legitimate ground for divorce in Gratian's textbook of canon law (1140 AD). However, Church authorities generally viewed requests for dissolution of marriage with suspicion, since unscrupulous spouses might use false claims of impotence as a way of freeing themselves of a marriage. For this reason, various regions, including England, introduced the examination of husbands by 'honest women' in the service of Church courts. In his book *Impotence: A Cultural History* the historian Angus McLaren reports an account of such an examination provided to the courts of York and Canterbury in the 15th century:

> The same witness exposed her naked breasts, and with her hands warmed at the said fire, she hid and rubbed the penis and testicles of the said John. And she embraced and frequently kissed the same John, and stirred him up in so far as she could to show his virility and potency, admonishing him that for shame he should

2. Medieval examination to demonstrate impotence, then regarded as legitimate grounds to terminate a marriage contract

> then and there prove himself a man. And she says, examined and diligently questioned, that the whole time aforesaid, the said penis was scarcely three inches long, ... remaining without any increase or decrease.

On the grounds that 'to many, total abstinence is easier than perfect moderation', as Augustine put it, Christian marriage was presented as second-best to celibacy and other ascetic practices. Some early Church fathers such as Origen were said to take the fight against spiritual pollution from lustful desires so far as to have castrated themselves. Although never very popular with the wider population, by the 4th century self-castration as an expression of Christian chastity had sufficiently alarmed Church authorities for them to condemn the practice in various Church regulations and to declare it heretic. Others, such as the Desert

Fathers Anthony and Jerome in the 3rd and 4th centuries, retreated into the Egyptian desert, a practice of withdrawal from the material world which later became institutionalized in the form of monasteries.

Given the emphasis on reproductive sex within marriage and the disapproval of other lustful sexual practices, same-sex relationships between women were consistently condemned and suppressed by Church authorities, though rarely subject to legal prosecution. Church attitudes towards male same-sex relationships seem to have been more contradictory. Although the extent to which relationships between men were tolerated is a topic of controversy among historians, the medieval historian John Boswell records examples of same-sex unions between men that seem to have been sanctioned by religious ceremonies, arguing that such partnerships were 'commonplace' in early medieval Byzantine society and that it was only from the 14th century onwards that such practices were repressed by the Catholic Church. It is certainly the case that practices of repression of male-to-male sex varied widely across different regions and time periods. Christian ethics condemned sodomy as a sinful act against nature, but until the 18th century sodomy remained a catch-all term which included a variety of 'unnatural' (in the sense of non-procreative) practices performed by men or by women such as bestiality, masturbation, anal and oral sex, sex between two men or two women, or intercourse between a man and a woman with the aim of avoiding conception.

Renaissance Florence had a reputation for being a sinful city where the vice of sodomy flourished, and in 1432, the city created the Office of the Night, a magistracy whose sole purpose was the prosecution of sodomy. The historian Michael Rocke describes how during a period of 70 years, 17,000 men (from a total of 40,000 inhabitants) were investigated at least once for sodomy. His legal evidence reveals both that the majority of male inhabitants of Florence seemed to have engaged in such

3. A memorial at Caius College, Cambridge, dated 1619. It commemorates the Master of the College, Gostlin, and his male friend Dr Legge. Below the image of the flaming heart, the inscription says: 'Love joined them living. So may the earth join them in their burial. Oh Legge, Gostlin's heart you still have with you'

practices, and that their punishment consisted in most cases of light fines. In contrast, in many other medieval and Renaissance cities across Europe such as Augsburg, Venice, or Geneva under Calvin, religious and secular authorities enforced more drastic punishments for sodomy, ranging from imprisonment and castration to beheadings, starvation, and burning at the stake. Prosecution of sodomy intensified in the 18th century, when it also shifted meaning to refer solely to sexual acts between men.

Christianity took over 1,000 years to firmly establish itself in Europe, and many different sects persisted on the fringes of the Church both during and after this period of consolidation of religious and political power. Not all of these shared the same emphasis on sexual asceticism. Groups such as the 2nd-century Egyptian Gnostic sect the Carpocratians, for example, were said to believe that in order to leave the material world, human souls had first to go through every possible earthly experience, and they were consequently notorious for their sexual libertinism, which was said to include wife-sharing and public nudity.

More generally, it should of course be remembered that the spread of Christian values did not necessarily mean that populations lived their lives in ways approved of by the Church. Christianity produced, however, a highly influential normative model of sex, which elevated virginity and celibacy as the highest spiritual ideal and a means of freeing oneself from worldly obligations, in contrast to, for example, Judaism which disapproved of abstinence as an obvious impediment against God's directive to 'be fruitful and multiply'. The idealization of sexual abstinence, worldly renunciation, or procreative sex and fidelity within marriage gave new cultural meanings to sex as the primary site of the work of Satan, and therefore as something that needed to be feared and avoided. Whereas most classical medical knowledge considered lack of sex as damaging to health, the Christian idealization of virginity and abstinence promoted a sexual order in which non-sex was presented as the highest spiritual ideal.

Chapter 2
The invention of sexuality

> Careful observation among the ladies of large cities soon convinces one that homosexuality is by no means a rarity. Uranism may nearly always be suspected in females wearing their hair short, or who dress in the fashion of men, or pursue the sports and pastimes of their male acquaintances; (...) The female urning may chiefly be found in the haunts of boys. (...) Love for arts finds a substitute in the pursuits of the sciences. At times smoking and drinking are cultivated even with passion. Perfumes and sweetmeats are disdained.
>
> Richard von Krafft-Ebing, *Psychopathia Sexualis* (1886)

The science of sex

In giving sex a special status by declaring it to be the original sin, Christianity placed sex firmly at the centre of Christian morality. The historian and social theorist Michel Foucault's *The History of Sexuality* famously pointed out the irony of Christian ethics defining sex simultaneously as something shameful, which should not be spoken about, and as the sin 'par excellence', which must be traced not just in its actual manifestations, but also in the mind's deepest-hidden desires. Through the evolution of procedures such as Catholic confession and the rigorous examination of one's own conscience fostered by the Reformation, Christianity in fact created institutional mechanisms for incessant reflection upon sex, encouraging the 'confession' of personal sexual 'truths'. At the same time as Christian moral devaluation of sex asserted itself, writers such as Casanova, Sade, Wilkes, and the author of the anonymously published Victorian text *My Secret Life*, celebrated their libertine experiences in explicit detail, an apparent contradiction which seems less so when viewed as part of the same trend towards the public narration of sexual truths initiated by the Christian confessional model. In modern times, such confessional models spread to other areas of social life such as family, relationships, medicine, therapy, criminal justice, education, and the media, all settings where we are encouraged to communicate our deepest thoughts and desires. As Foucault puts it, 'we have since become a singularly confessing society'.

Christian ethics came under attack from the Enlightenment crusade against religious dogma. A culture of sexual libertinism developed in Europe, most notably from the 17th century onwards, at first within the aristocratic elites, among whom the use of condoms, made from sheep intestines, and dildos became at the same time more widespread. From the 1850s, rubber condoms became available, although they seem to have been primarily used for protecting men against venereal disease from sex with prostitutes, and remained too expensive for the working classes. Although the subject of Church disapproval, abortion had traditionally been judged acceptable across much of Europe if carried out before the moment of 'quickening', when the woman started to be able to feel the fœtus, around the fourth month of pregnancy. Methods for aborting were publicly advertised in the 19th-century press, and the abortion industry was thriving until, in the course of that century, it started to be regulated and criminalized in most European countries.

Cultural anxieties about sex intensified in response to the rapid social and political changes brought about by industrial modernization. The linked processes of industrialization (the development of modern, mechanized methods of production), urbanization (the resulting increase in the proportion of the population living in urban centres), and secularization (the decreasing importance of religious beliefs in modern society) created large urban masses in which atomized individuals were less exposed than ever before to the social and religious control of traditional pre-modern communities. As the literary critic Steven Marcus has pointed out, the 19th century thus combined a thriving, and mostly urban, underworld of prostitution, dance halls, and a dramatic increase in the availability of pornographic material, partly driven by the development of modern print technologies, with public prudery and sexual repression. Against this backdrop, collective concerns about the decline in public and private morality that supposedly resulted from the impact of modernity intensified. Moral reform groups depicted sexual libertinism as a danger to the social order and to religion, while an extensive medical and advice literature warned of the dangers of sex and of sexually transmissible diseases to personal health.

Western culture developed in particular an obsessive interest in masturbation or 'the sin of Onan', drawing on its biblical reference. Concerns were initially triggered by an anonymously published, best-selling pamphlet that appeared in London in the early years of the Enlightenment (some time around 1712) with the title *Onania; or, the Heinous Sin of Self Pollution, and all its Frightful Consequences, in both SEXES considered, with Spiritual and Physical Advice to those who have already injured themselves by this abominable Practice*. Its author claimed that, while he initially thought that spiritual guidance would do the trick of dissuading people from this 'filthy commerce with oneself', he came to realize the superiority of a medical cure consisting of a 'strengthening tincture' and 'prolific powder', which he also happened to invent and sell at a rather hefty price. Despite its quackish nature, this text is significant in that it transforms the religious understanding of masturbation as a problem of moral weakness into a medical problem caused by ignorance of the dire consequences of 'self-abuse' on personal health, as the historian

Thomas Laqueur points out in his book *Solitary Sex: A Cultural History of Masturbation* (2003). The topic was subsequently, and avidly, taken up by key representatives of the Enlightenment. The eminent 18th-century Swiss physician Samuel Tissot produced a widely read work, *Onanism*, in 1760 which influenced the inclusion of the topic of masturbation in Diderot's *Encyclopédie*, the Enlightenment's scientific work par excellence. Voltaire saw an opportunity in Tissot's medicalization of masturbation for further attack on the clergy, whose unnatural abstinence made them, Voltaire argued, particularly prone to such unhealthy solitary pleasure, while Rousseau's work on the education of the young, *Émile* (1762), equally warned against its dire consequences.

Masturbation was held responsible for a wide range of long-term medical problems including mental exhaustion, blurred vision, defective memory, blindness, rheumatism, gout, madness, gonorrhoea, epilepsy, impotence, and various sexual deviances. By the mid-19th century, medical science invented the condition of 'spermatorrhoea' whose purported symptoms consisted of nervous debility and a general wasting of the faculties resulting from 'excessive' loss of semen due to masturbation. An anti-masturbation commerce developed which proposed cures ranging from rest, mountain walks, health spas, vigorous exercise, and cold baths to chastity belts and complex electrical devices intended to discourage masturbation by delivering electric shocks upon the perpetrators.

Female masturbation was seen as particularly deviant against the backdrop of normative ideas of female sexuality that portrayed women as less subject to 'animal passions' than men. In addition, women's physical constitutions were thought to be weaker than those of men. Masturbation was consequently considered even more dangerous to women's health, and drastic treatments could comprise surgical interventions including clitoridectomy (the removal of part or most of the female genitalia). More generally, not only grown women but also young persons (of both sexes)

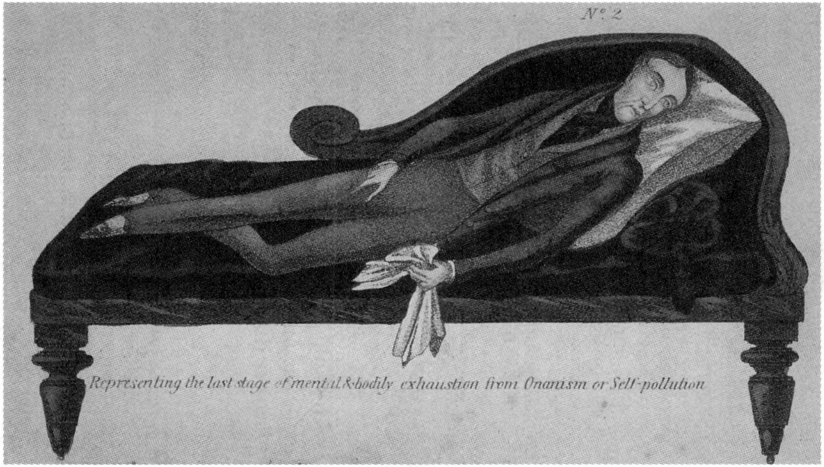

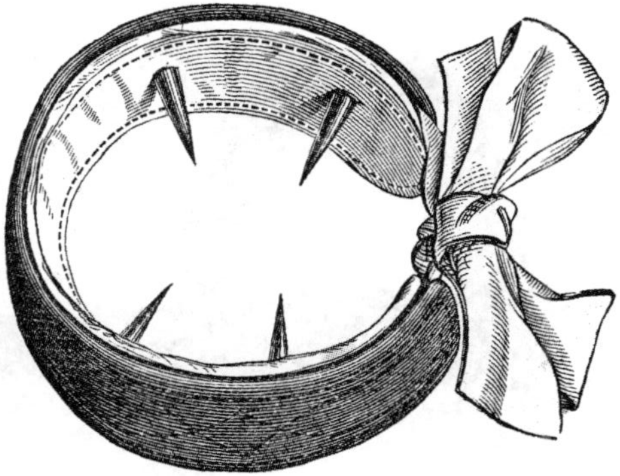

FOUR-POINTED URETHRAL RING.

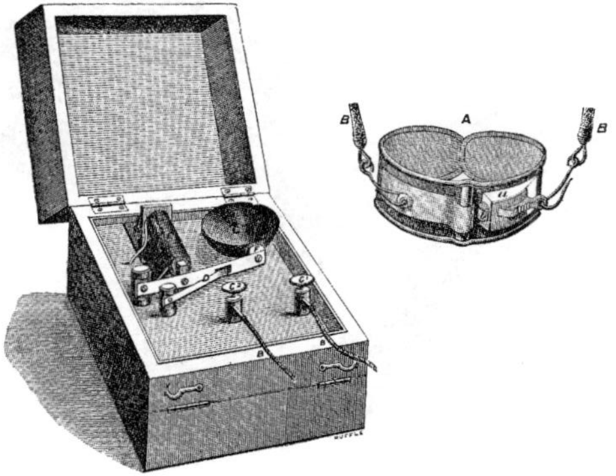

4. Victorian anti-masturbation devices: a penis ring; a machine delivering electric shocks to the perpetrator; and a warning of the physical and mental consequences of masturbation, from 1845

5. A chastity belt for women, with padlock, from the 16th century. Victorian chastity belts were modelled on these types of devices, but aimed to prevent masturbation rather than infidelity

were thought to be particularly prone to this dangerous practice. This reflected the wider assumption that children, being less cultured and therefore closer to nature than adults, were sexual beings with appetites that needed to be kept in check by civilizing norms – a sexualized understanding of childhood that Freud would radicalize by further arguing for the fundamentally sexual nature of children (see pp. 46–7).

Whereas in pre-industrial European societies, sexual practices were primarily subjected to moral and religious problematization and categorized in relation to sin, the social transformations brought about by modernity from the late 18th century onwards, and the Enlightenment-inspired march away from religious obscurantism towards the twin deities of science and rationality, led to new ways of thinking about sex which turned it into an object of scientific research. Modern understandings of sexuality can be traced back to the birth of the science of sex ('sexology') around the turn of the 20th century. Sex became an object of scientific study in its own right, particularly in the context of medicine and the social sciences. Darwinian theory having had a major influence on the emerging social sciences, Darwin's view of sexual selection as the key to evolution also became a major impetus for the development of modern sexual science. Through the concept of sexual selection, scientific investigations were, from their beginnings, concerned with questions of heredity, degeneracy, and race. A second major impetus for sex research was the growing concern with public health, in particular with prostitution, personal hygiene, and venereal disease. Sex research became closely intertwined with growing state intervention in sexual matters. It reflected the social and political concerns of the time, as well as its social hierarchies, which were heavily structured by class and gender.

Against this backdrop, sexuality was invented. The term 'sexuality', in its contemporary meaning of 'possession of sexual powers, or capability of sexual feelings', first entered the English language in 1879 according to the Oxford English Dictionary. The first comparable occurrence in French is attributed to the somewhat obscure novelist Péladan, who wrote of the 'animal drunkenness of sexuality' ('l'ivresse animale de la sexualité') in his erotic novel *Le vice suprême*, published in 1884. The new concept of sexuality located sex, as an area of scientific study as well as of subjective experience, firmly in the realm of nature and biology. Sexology replaced the undifferentiated religious category of sin with the medical categories of physical and mental disease and degeneracy. In the process, it radically transformed the social meanings of sex. As the sociologist Jeffrey Weeks puts it:

> Sexology was simultaneously constituting and exploring a new continent of knowledge, assigning thereby a new significance to the 'sexual'.

Biological models of sexuality dominated sexual science throughout the 19th and 20th centuries. They conceptualized sexual behaviour as the outcome of natural, biological drives which form the basis for a variety of social experiences. Sexual normalcy and deviancy from the norm came to be defined in relation to the assumed biological naturalness of essential human reproductive instincts. As an instinctual and potentially overwhelming force, sex was at the same time seen as a possible source of social disorder. The Scottish 19th-century biologists Geddes and Thomson thus warned against the 'volcanic element in sex, quite underlying the rest of our nature and for that very reason shaking it from its foundations with tremors, if not catastrophe'. Consequently, it was argued, sexual instincts need to be kept in check by society through moral control, sex education, and legislation.

Pioneers of sexology such as the Germans Bloch, Krafft-Ebing, Hirschfeld, Westphal, Rohleder, Moll, and Friedländer, the Austrian Stekel, the French Féré and Thoinot, the Swiss Forel, the Hungarian Kaan, and the English Ellis set out to explore sexual 'abnormalcy' through zealous labelling and classification of deviations from the norm. They invented a wide range of new and increasingly exotic taxonomies of 'perversion', such as fetishism, sadomasochism, transvestism (also called eonism), hermaphrodism, frottage (rubbing against others), coprophilia (deriving sexual pleasure from faeces), necrophilia (sexual gratification from having sex with the dead), undinism (sexual arousal associated with water), algophilia (sexual gratification associated with inflicting or experiencing pain), and urolagnia (sexual pleasure from urinating), which they presented in 'the most nauseous detail', as a reviewer for the *British Medical Journal* described the case histories presented in Krafft-Ebing's influential medical handbook of sexual deviance *Psychopathia Sexualis* (1886). Sexology thus emerged in Europe as a new scientific discipline with international scope. It did not constitute, however, a homogeneous, unified field. Rather, it regrouped scientists with different institutional and political agendas, which led to controversies both within and in response to sexology. Public reactions were mixed. Some of the early works by Ellis and Bloch were prosecuted for obscenity, while Krafft-Ebing tactfully switched to Latin when describing specific sexual practices in *Psychopathia Sexualis* (rumours circulated at the time that sales of Latin dictionaries soared in Germany after the publication of his best-selling book).

Sexuality and gender differences

An important feature of this biological model was its biologization of gender difference. From the 18th century, the traditional idea of the 'one-sex body', which conceptualized women's bodies as similar but inferior versions of male bodies (with female genitals being thought of as internal, much smaller versions of male genitals), started to be replaced with the idea of a clear biological differentiation between men and women. Male and female bodies came to be seen as fundamentally, biologically different, not as part of the same hierarchical continuum. The gender hierarchy remained, however. It was variously based upon the amalgamation of femininity with motherhood, as in the 19th-century English evolutionist Herbert Spencer's claim that woman's inferior intellectual capacities were caused by the fact that she had stopped at an earlier stage of evolution in order to free energy to fulfil her role in the reproduction of the species; upon a claimed basic difference in 'cell metabolism', as the biologists Geddes and Thomson influentially argued; or upon hormonal differences between the sexes after the discovery of sex hormones around the turn of the 20th century. While claims about the biological inferiority of women were also used to legitimize the continued exclusion of women from the public sphere and politics in a context in which such exclusion became increasingly contested, the emergence of new ways of seeing the body transformed understandings of sex as well, as Laqueur has emphasized. Sex was no longer understood as an encounter between cold and hot, active and passive partners, but as an act between men and women who were now seen as biologically very different creatures.

The innate biological differences between men and women, which justified their assignment to different social roles, were thought also to lead to differences in sexual behaviour and needs. Whereas male sexuality was seen as naturally aggressive and forceful, women's sexuality was conceptualized as a response to male desire, driven by reproductive and maternal instincts. Although some sexologists, such as Havelock Ellis, emphasized the importance of female sexuality and of fulfilling sex as crucial for a happy life, the 19th-century English physician William Acton expressed prevalent public opinion when he stated:

> The majority of women are not much troubled by sexual feeling of any kind.

Sexologists routinely reproduced the double sexual morality of the time by picturing 'normal' women as passive and chaste, with a natural preference for monogamy, and by presenting male promiscuity as caused by 'the sexual demands of man's nature', as Krafft-Ebing put it. Consequently, 'excessive' sexual urges on the part of a woman were seen as abnormal. This resulted in a stark increase in the diagnosis of 'female hysteria' in the course of the 19th century, a nervous disorder that was thought to be caused by insufficient sexual satisfaction of excessively passionate women. Patients were sometimes treated by manual massage of their genitals by a doctor until 'hysterical paroxysm' (what contemporary terminology would describe as 'orgasm') occurred, while water massage devices were offered in spas across Europe and the United States and electrical vibrators became popular appliances with the spread of electricity to the private home. Alternatively, clitoridectomy could be proposed. Institutions across the US and the UK, such as the 'London Surgical Home for the Reception of Gentlewomen and Females of Respectability Suffering from Curable Surgical Diseases', set up in 1858, routinely offered clitoridectomy as a 'cure' for conditions ranging from hysteria to mania, idiocy, insanity, and urinary incontinence. Success stories circulated in England of operations performed on women who had sought divorce under the new 1857 Divorce Act, a behaviour that was interpreted as an obvious symptom of mental illness, and who after the operation conceded to return to their husbands. As the last example shows, genital mutilation could be used as an instrument for the disciplining of non-normative femininity.

Representations of female sexuality varied, however, with social class and race. Working-class girls and racial 'others' were often portrayed as more sexually available or even insatiable, as reflected in erotic literature such as John Cleland's *Fanny Hill* (1748) and the anonymous *My Secret Life* (1888), while prostitutes were commonly depicted as hypersexual beings with rotten, corrupted bodies. The lower categories were on the assumed hierarchical scale of civilization, the closer they were to 'primitives' – which is why, in general, women were assumed to be 'as a rule ... much more the slaves of their instincts and habits than men', as the Swiss sexologist Auguste Forel put it. Working-class men and women, Africans, Asians, and Jews (the latter considered a separate 'race') were considered especially voluptuous and more likely to engage in 'uncivilized', 'degenerate' sexual practices.

Female sexuality remained an intense focus of problematization throughout the history of sexual science, though later sex research tended, on the contrary, to see lack of sexual desire or pleasure in women as pathological. An example of this can be found in the famous experimental research by the American sexologists Masters and Johnson on human sexual response, which included laboratory observation of the physiological responses of hundreds of men and women during masturbation and sexual intercourse from the late 1950s to 1990s. In line with many other sex researchers, Masters and Johnson observed that many women do not have orgasms from intercourse, coining the term female 'coital orgasmic inadequacy' in their best-selling *Human Sexual Inadequacy* (1970). Female sexuality was thus constructed as pathological in relation to male heterosexuality (although they also observed the capacity for women to have multiple orgasms).

Heterosexuality and 'perversion'

In addition to the biologization of gender differences, a further central feature of the biological model of sexuality was the assumption that 'natural' sexual behaviour included heterosexual acts and desires only. Heterosexuality was thus treated as the implicit norm, whereas homosexuality, in particular, came to be conceptualized as, somehow, an abnormal departure from the norm. However, when the American doctor James G. Kiernan adopted the term 'heterosexual' in its earliest-known occurrence in the English language, in a medical journal in 1892, he used it to describe the 'sexual perversion' of having sex for recreational rather than procreative reasons via 'abnormal methods of gratification', which referred to ensuring pleasure while avoiding reproduction. The association of heterosexuality with abnormal (i.e. non-procreative) craving for the opposite sex continued well into the 1920s, when an appetite for non-procreative different-sex sexuality started to be seen as the norm.

The biological model conceptualized people who engaged in deviant sexual practices as fundamentally different from others. This was an important conceptual innovation, which can be illustrated with the notion of the homosexual. Of course, same-sex practices have always occurred throughout history, and specific acts such as sodomy have been at times tolerated and at other times (most intensely in the 18th century) persecuted. However, any person – depending on their morality – was thought to be capable of such sinful practices. As Foucault famously pointed out, it was only much later, from the 19th century, that the idea started to emerge that people who engage in 'sodomy' are a separate type of person, with a specific identity and inclinations resulting from abnormal biological instincts which lead them to commit such acts: 'homosexuals'. As he put it,

> The sodomite had been a temporary aberration; the homosexual was now a species.

While some historians trace the beginnings of this change back to the late Middle Ages and point out that from the 17th and 18th centuries onwards a homosexual subculture, with specific meeting places, started to form in large European cities, it is certain that with the 19th-century conceptualization of the sodomite as a particular type of person, the modern homosexual was born. A Hungarian journalist born in Vienna, Karl-Maria Kertbeny, is generally credited with coining the term 'homosexual', first in a letter to Karl Heinrich Ulrichs, a German early advocate for the rights of sexual minorities, in 1868, then publicly in an anonymous pamphlet of 1869 campaigning against Prussian sodomy legislation. Kertbeny contrasted the homosexual initially with the 'monosexualist' (someone who masturbates), the 'heterogenit' (someone who has sex with animals), and the 'heterosexual' or 'normalsexual' (a man who has a sexual preference for women). On the latter category, Kertbeny held the view that the high sex drive of 'heterosexuals' or 'normalsexuals', which he claimed was stronger than that of homosexuals or bestialists, gave them an appetite for engaging in depraved excesses including incest, assaulting 'male but especially female minors', and 'behaving depravedly with corpses'. Given the later shift in meaning to denote the biological naturalness and moral superiority of heterosexuality, the invention of the category of the heterosexual in the context of Kertbeny's promotion of gay rights is 'one of sex history's grand ironies', as the historian Jonathan Ned Katz has pointed out.

The term 'homosexuality' was popularized in Germany by Krafft-Ebing and in the UK by Ellis. Charles Gilbert Chaddock, translator of Krafft-Ebing's *Psychopathia Sexualis*, is thus credited by the Oxford English Dictionary with having introduced the word 'homosexuality' into the English language in 1892, a year after a medical publication had introduced the same term into French. 'Lesbianism' first appeared in 1870, initially competing with the concepts of 'tribadism' or 'sapphism'. The term 'homosexual' also had early competitors. The German pioneering campaigner for sexual rights Karl Heinrich Ulrichs, for example, founded in 1862 the cult of 'Uranism', a term borrowed from Plato's *Symposium* in which 'Uranian' or 'heavenly' love of men for boys, attributed to the god Uranus, is praised. Against the backdrop of the romanticist rediscovery of ancient Greece in Germany and Victorian England, other Uranian societies promoting male love and friendship sprang up in both countries, including in Oxford and Cambridge. Other terminological contenders were 'homosexualist'; 'paederast' (though referring to sex with boys, it came to be used also to refer to sex between men); 'contrary sexual feeling'; 'inverted sexual proclivity'; 'sexual inversion'; 'intermediate sex'; 'third sex'; and 'urnings' (again, from 'Uranian love').

The concept of 'sexual inversion' was particularly popular in the 19th century. It expressed the widespread belief of the time that people with same-sex desires suffered from some kind of gender disorder and were really women in men's bodies, or vice versa (though the concept also covered a wider range of deviant gender behaviours such as men dressing up in women's clothes), or even a third sex. Same-sex desire was widely interpreted through the lens of gender, but disagreements raged over what the exact link between sexual identity and gender was. Whereas those defending the sexual inversion model argued that male homosexuals were 'feminized', others held up the Greek paederastic model to argue that they were, on the contrary, especially masculine. The first movement for the rights of sexual minorities in the world emerged in Germany around the end of the 19th century, following the criminalization of homosexuality at a national scale that had resulted from German unification. By 1902, divisions within the movement emerged over precisely this question, with Magnus Hirschfeld defending the third-sex model, whereas Benedict Friedländer argued that homosexuality was 'the highest, most perfect evolutionary stage of gender differentiation', and that the 'inverted type' of male homosexual represented hypervirility, and possessed superior capacities for leadership and heroism than did heterosexual men.

In both competing models, homosexual men and women were considered to be biologically separate types of individuals from heterosexuals, with specific personality traits, clothes, and bodies, and it was claimed that they were particularly prevalent in large urban centres (which, in the context of the social disruptions resulting from accelerating urbanization processes, were held to be particularly fertile breeding grounds for perversion, compared to the simple, 'natural' life in the countryside).

The biological model of sexuality saw homosexuals not as sinners or criminals, but as abnormal individuals who were in need of a cure. Although some sexologists, including Ellis, saw homosexuality as inborn but not a disease, much of sexual science has been preoccupied with problematizing and investigating these 'marginal' sexualities, and with thinking about how to 'correct' the perceived pathologies through therapy, and chemical and surgical interventions, including castration. Homosexuality was officially classified as a mental illness in the American Psychiatric Association's Diagnostic and Statistical Manual until 1973, and by the World Health Organization until 1992. Similar psychiatric labels were abolished in the UK in 1994, in the Russian Federation in 1999, and by the Chinese Society of Psychiatry in 2001, after gay rights groups as well as dissenting psychiatrists argued that homophobia rather than homosexuality was the problem.

The use of psychiatry and sexology to correct and cure deviant sexuality has been widely documented. For example, psychoanalysts such as the American Sandor Rado argued from the 1940s that deviancy from heterosexuality could be 'unlearned'. By the 1950s and 1960s, aversion therapy was increasingly used to 'cure' sexual deviants such as cross-dressers, fetishists, transsexuals, homosexuals, and lesbians in countries including the Soviet Union, the UK, the US, Canada, and South Africa. Gay men were more frequently targeted than lesbians since therapeutic treatment would often be part of criminal sentences, which only rarely involved lesbian relationships. The US sexologists Masters and Johnson ran a programme from 1968 to 1977 to convert homosexuals to heterosexuality, with a claimed success rate of 71.6% over six years of treatment. Aversion therapy involved projecting images of 'inappropriate sexual objects', including current lovers, to the 'patient', who was then injected with chemicals such as apomorphine to cause nausea and vomiting, or subjected to electric shock treatments which would commonly be administered two or more times daily over a period of several weeks.

Although sexologists themselves often promoted tolerance for those who fell outside of the 'normalcy' of heterosexual relationships, their ideas were also used to organize and intensify the emerging disciplining of sexuality. As the sociologist Jeffrey Weeks puts it:

> [T]he paradox was that the early sexologists, who by and large were also conscious sex reformers, were simultaneously powerful agents in the organisation, and potential control, of the sexual behaviours they sought to describe.

Indeed, many of the pioneers of sexual science were active social reformers who saw sexual reform and the transformation of the social order as connected. This was true, for example, of figures such as Auguste Forel, Edward Carpenter, Havelock Ellis, Richard von Krafft-Ebing, Magnus Hirschfeld, and Iwan Bloch who were actively involved in political campaigns that ranged from the rights of sexual minorities to pacifism and votes for women. Against the backdrop of such wider social struggles, they participated in contemporary and highly politicized public debates on sex reform, sex education, and discriminatory legislation. Many early sexologists saw homosexuals in particular as 'harmless', especially since, as Auguste Forel remarked, 'they would not reproduce anyway', and authors such as Krafft-Ebing and Hirschfeld spoke out publicly against anti-sodomy legislation.

Sexual revolution

The politicization of sexuality was intensified in the 1960s, when Freudian Marxists such as Herbert Marcuse, Erich Fromm, and Wilhelm Reich argued that sex is a natural, positive force that is repressed by bourgeois capitalist society, and called for sexual 'liberation' which would transform the social order. Wilhelm Reich was an Austrian psychoanalyst who in the 1920s and 1930s was a member, first, of the Austrian social-democrat party, then of the German communist party, before becoming a fervent critic of communism in the 1940s and 1950s, by which time he had emigrated to the US. Reich's early and most uential work tried to reconcile psychoanalysis with Marxism. He built upon Freud's emphasis on the importance of libido (sexual energy) but took issue with Freud's theory, stated most explicitly in *Civilisation and Its Discontents* (1915), that the subject achieves 'normal' adult identity by redirecting the libido into other areas of life. Whereas, for Freud, culture thus advances as a result of the suppression of nature, for Reich culture and nature, while pitted in opposition in modern society, should instead be reconciled in a state of mutual harmony. Reich proposed a 'correction of Freud's theory of the unconscious' by turning Freud's ideas on sexuality on their head and suggesting, in his own theories of 'vegetotherapy' and, later, 'sex-economy', that it was the cultural repression of natural, sexual energy that was the origin of all neurosis. As he put it in 1948:

> My contention is that every individual who has managed to preserve a bit of naturalness knows that there is only one thing wrong with neurotic patients: the lack of full and repeated sexual satisfaction.

Whereas Reich saw full 'orgastic potency', which he identified with 'genital gratification', as a biological capacity, he argued that this natural ability for genital pleasure had been destroyed by society. 'A sex-economist', he declared, '... knows that man is the only biological species which has destroyed its own natural sex function, and that is what ails him.' This destruction of orgastic potency was all the more preoccupying as sexuality 'is the life energy *per se*', as he put it, and as it was so widespread. Indeed, Reich argued that the majority of individuals suffer from sexual repression in modern society. As he wrote:

> Not a single neurotic individual possesses orgastic potency; the corollary of this fact is the fact that the vast majority of humans suffer from a character-neurosis.

Reich's most influential writings thus developed analyses of the ways in which society turned individuals into neurotics, putting the responsibility for this 'mass neurosis' at first on capitalism, later on authoritarian society, and in his final work on any social institutions which repressed the biological life energy. The institution of the 'authoritarian compulsive family' as incarnated in the nuclear family model came in for particular criticism, since it reproduced in Reich's eyes the authoritarian structures of the state at the micro-level, and propped up the social, economic, and sexual oppression of women by patriarchy. Denouncing the compulsive monogamy that created so much spousal unhappiness, and the economic dependency of women and children within the family, Reich also saw the family as a central agent in the social repression of natural childhood and adolescent sexual exploration. Reich called for a 'sexual revolution' which would liberate sexuality from its suppression by society – something that would not be possible, he believed, without overthrowing the social and political order as well. As he wrote in the preface to the second edition of his 1930 work *The Sexual Revolution*:

> [A]uthoritarian social order and social sexual suppression go hand in hand, and revolutionary 'morality' and gratification of the sexual needs go together.

Reich's earlier, mostly sexological and psychological, notion of sex-economy was in his later decades rephrased as the science of 'orgonomy', the study of 'life energy'. Having moved to the US in 1939, Reich set up a research centre called 'Orgonon' in rural Maine. Having long argued that 'the genital sexual function' is the central source of life energy, he claimed to have identified, by observation, the origin of all life: cosmic orgone energy. Moving from a sociological and anthropological approach towards a natural science one to the study of life energy, Reich would stretch the patience of even his most fervent followers to its limits by his claims that the 'particles of life energy', which he called the 'bion', as well as life-destroying particles, which he called 'Deadly Orgone' or 'DOR', could be observed experimentally; by his 'discovery' of the chemical formula of the unconscious; and by his invention of cloud-busting machines which he claimed could draw upon orgone energy to produce rain. His most controversial invention was that of energy accumulators called 'orgone boxes', which he claimed could channel cosmic orgone energy to individuals sitting in these boxes. Orgone energy could, he claimed, deblock people's 'bio-energy', the stagnation of which in modern society he saw as the origin of 'orgasm anxiety' as well as contributing to a number of ailments including cancer.

The orgone accumulators got Reich into trouble with the Federal Food and Drug Administration, however. An investigation into the suspected fraudulence of the claims of their health benefits led to a formal complaint on behalf of the FDA and a legal injunction against any reference to 'orgone energy'. Following a technical violation of the injunction, Reich was sentenced in 1956 to a two-year prison term, the banning of references to orgone energy and accumulators in his books, and the burning of material related to the accumulators. He was to die in a federal penitentiary in Pennsylvania a year later. Presently, by way of contrast, orgone accumulators are freely on sale on the Internet.

The call for sexual liberation from capitalist and patriarchal repression by the Freudian Left was to have a deep influence on the leftist and feminist movements that emerged in the 1960s and 1970s, as well as on various new types of sex therapy which promoted the release of sexual energy. It reproduced a biological understanding of sexuality as a natural force, repressed by bourgeois society.

The biological model remained dominant up until the 1980s and is still an important theoretical influence on sex research today, especially given the current revival of evolutionary models of sexuality and genetic perspectives. For example, books such as Randy Thornhill and Craig Palmer's *A Natural History of Rape: Biological Bases of Sexual Coercion* (2000) and Michael Ghiglieri's *The Dark Side of Man* (1999) conceptualize male sexual violence, in particular rape, as the result of evolutionary male instincts to spread their genes, while Helen Fisher's *Anatomy of Love: A Natural History of Mating, Marriage and Why We*

Stray (1992) points at evolutionary and biological explanations of gender differences. However, the biological model of sexuality has come under attack from various quarters, including from within sexology itself.

Challenges to the biological model of sex

Although most early sexologists primarily explored the peripheral sexualities, others, in particular Havelock Ellis, focused on 'normal' sexual behaviour itself. The study of normative sexuality led to the partial problematization of biological naturalness. Sex was still understood in terms of biological essence, but some 19th-century sexologists, such as Geddes and Thomson, could not help noticing that 'natural' sexual instincts were, in fact, quite diverse. Even among the first generation of sexologists, the naturalizing account of sexual orthodoxy thus simultaneously led to a partial problematization of sexual normalcy. The suggestion by Ellis that normality itself reflected social definitions rather than natural instincts, and that there might be a continuum rather than a sharp break between normal and abnormal sexual practices, opened up the path for social understandings of sexuality.

Later sex research involved large-scale surveys and statistical analysis of sexual attitudes and behaviours in numerous countries. The best-known examples of these are the 1950s studies of the sexual behaviour of 12,000 Americans by Kinsey, and the successive Hite reports which surveyed the sexual experiences of 15,000 men and women in the US from the 1970s onwards. Again, an important consequence of these naturalistic, quantitative surveys of sexual attitudes and behaviour was to show that the frontiers between 'normal' and 'deviant' sexuality are not as clear-cut as had previously been thought. Kinsey's studies in particular created public scandal in the early 1950s, when they revealed that 37% of the male sample had engaged in sex to orgasm with another man, most of whom considered themselves as heterosexuals – a finding that is fairly routine in contemporary surveys of sexual behaviour. This meant that same-sex activity could no longer be labelled as the deviant behaviour of a small, diseased minority of people. It is an important paradox in the history of sexology that while the biological model conceptualized sexuality in terms of natural instincts, normal and abnormal sexuality, and biological gender differences, the same type of research has also led to the problematization of the very categories that it was based upon. The biological understanding of sexuality was thus challenged from within the sexological discourse that had formulated it in the first place.

The biological model was also challenged by the very subjects that it endeavoured to describe. Within the 'peripheral' sexualities that sexual science created, sexual meanings have been experimented on and contested. As Jeffrey Weeks points out:

> [T]he speaking perverts, first given a carefully shaded public platform in the volumes of early sexologists, have become highly vocal on their behalf.... They speak for themselves in street politics and lobbying, through pamphlets, journals and books, via the semiotics of highly sexualised settings, with their elaborate codes of keys, colours and clothes, in the popular media, and in the more mundane details of domestic life.

Taxonomic labels such as 'homosexual' or 'lesbian' have been re-appropriated in politically creative ways by the categories to which they were initially applied, as we shall see later (see p. 102).

A third major challenge to the biological model came from Freud. He developed a theory of unconscious drive/libido that saw sexual desire not as something that could be controlled and overcome, but as ever-present in men as well as women. Within this framework, he portrayed female hysteria as a symptom of the unhealthy repression of female sexual instincts. His influential *Three Essays on the Theory of Sexuality* (1905) conceptualized sexuality not as a pre-given, ready-made natural instinct from which subjects can then deviate, but rather as a drive that is constructed in the process of childhood psychological development. Freud argued that the channelling of the child's diffuse sexuality into socially acceptable forms is central to its development into adulthood. As the Freudian feminist Juliet Mitchell puts it:

> [I]n childhood all is diverse or perverse; unification and 'normality' are the effort we must make on our entry into human society.

While placing central importance upon sexuality by seeing human agency as driven by unconscious desire, Freud's analyses of individual cases of hysteria and neurosis moved away from biological accounts, linking civilization and sexual repression.

The final and possibly most decisive challenge to the biological model of sexuality has resulted from the emergence of anti-essentialist perspectives across a range of disciplines in the social sciences and the humanities from the 1970s onwards. These new theoretical models reject the idea of sexuality as natural or biological, emphasizing instead the social nature of sexual experience. Following Foucault's controversial but highly influential account, in his canonical *History of Sexuality: An Introduction*, of sexuality as a 'historical apparatus' whose origins can be retraced to the 18th century, authors such as David Halperin in classics, Stephen Heath in literary criticism, and Jeffrey Weeks, Ken Plummer, and numerous others in sociology have argued prominently for the need to understand sexuality as a historically and culturally situated domain of experience that is shaped by social relations of power. Following this social model of sexuality, sexual identities are not merely the expression of natural instincts, but are social as well as political constructs.

Against this backdrop, the claim that heterosexuality, homosexuality, lesbianism, and even sexuality itself were invented in the 19th century does not mean merely that the terms were invented in that period (although they were). More fundamentally, it means that the ways in which individuals experience and make sense of their sexualities and identities in modernity are heavily shaped by the core elements associated with the conceptual apparatus of sexuality, in particular the idea of 'natural' sexual instinct, the assumed biological basis for gender differences, and the notion of sexual identity.

As we have seen, cultural understandings of sex have, in the West, been shaped by three models: the moral/religious model, the biological model, and the social model of sexuality. Although these three models have, historically, emerged successively, it is important to emphasize that they are still co-present today. Moral, biological, and social understandings of sexuality continue to have a great influence on the ways in which sexual meanings are organized in society, politics, and in our everyday lives. They have important implications for the ways in which we conceptualize our sexual behaviours and identities, as well as the possibilities for personal and political transformation.

Chapter 3
Virgins or whores? Feminist critiques of sexuality

> Feminists who still sleep with the man are delivering their most vital energies to the oppressor.
>
> Jill Johnson, *Lesbian Nation* (1973)

The double moral standard

Female sexuality has been subjected to particular scientific and moral scrutiny throughout modernity. It has also constituted a central concern in feminist struggles. While the first women's movement that emerged in the last decades of the 19th century prioritized the fight for civic and political equality for women, sexuality constituted nevertheless an important area for the critique of existing gender relations. Drawing on biological justifications of the double moral standard which saw men as naturally promiscuous and women as passive and chaste, feminists built upon such views of gender to argue that women's morals were consequently by nature superior to those of men. Occupying the moral high ground, they developed a critique of male sexuality which pointed at the natural lustful drives of men and male sexual freedom as the origin of the sexual oppression of women. Reflecting wider social concerns of the time about the expansion of prostitution in the 19th century across Europe and the US, and the attendant increase in venereal disease, political activism centred especially on these areas. The 'real' reason why men did not wish to give women the vote, some feminists argued, was to protect male sexual exploitation of women.

Female activists from mostly upper-middle-class backgrounds played important roles in the numerous social movements promoting greater moral purity and 'social hygiene' that emerged both from the political Left and from conservative and religious organizations across the Western world. Campaigns against prostitution called for an end to the 'white slavery' which forced innocent, impoverished young working-class girls into sexual exploitation by unscrupulous middle-class men. Instead, they promoted 'rescue work' for 'fallen women'. The moralist view was that prostitution was a vice; it was also considered a major public health problem. Prostitutes were seen as the main vehicles of the contamination of men with venereal diseases such as gonorrhoea and syphilis, echoing traditional associations in Western culture between the female body and disease. As Shakespeare's mad King Lear put it:

> Down from the waist they are all Centaurs,
> Though women all above;
> But to the girdle do the Gods inherit,
> Beneath is all the fiend's; there's hell, there's darkness,
> There is the sulphurous pit – burning, scalding,
> Stench, consumption; fie, fie, fie! Pah, pah!

Venereal disease itself came to be culturally represented as female in the modern age, as 'Dame Syphilis' as the French called it. Syphilis had appeared in Europe from the late 15th century, possibly spread by sailors returning from the Americas, and led to an epidemic across the continent. Collective anxieties about syphilis portrayed it as coming from the 'outside', in particular from foreigners, reflecting wider cultural meanings around sexual disease which tended to see the healthy, male bodies of the nation as polluted by diseased female and foreign bodies. As the medical author Llewellyn-Jones has pointed out:

> As the people of each country became infected, each tried to put the blame for the new and terrifying disease on its neighbour. The Italians called it the Spanish disease. The French, who were first infected in 1495, called it the Italian or Neapolitan disease ... It reached England in 1497, where it was called the French disease ... It reached China in 1505 and Japan a year later where it was called 'manka bassam' or the Portuguese disease.

Sexually transmitted disease carried associations of foreign invasion and treason. During the First and Second World Wars, prostitutes were thus routinely portrayed as 'helping the enemy' by contaminating patriotic soldiers. A widely diffused British Second World War poster carried a picture of a skull-faced prostitute linking arms with Hitler and Hirohito, accompanied by the caption 'VD worst of the three'. Thousands of suspected prostitutes were jailed in internment camps in the US during the First World War, and Magnus Hirschfeld's *The Sexual History of the World War* (1941) reports that the German army issued edicts in several occupied territories in 1915 punishing women who had sex with soldiers while knowingly infected with VD with sentences of up to a year in prison.

Driven by fears that venereal disease would make male bodies too weak for military purposes, many national states started to regulate prostitution in the 19th century in order to limit the spread of sexual infections. No efforts were made to prevent customers from contaminating prostitutes, but the latter were targeted with compulsory medical inspection, and, if contamination was diagnosed, incarceration and forced hospital treatment ensued. Folk beliefs circulated in 19th-century Europe that intercourse with a child virgin could cure venereal disease. More generally, child prostitution was widespread across Europe and elsewhere, though it was common for virginity to be faked so that a girl could be sold at a higher price several times over. An international scandal was caused by the publication of a series of highly graphic accounts of the entrapment and sale of young girls in London brothels by the journalist W. T. Stead in the *Pall Mall Gazette* in July 1885. The series, published under the name 'The Maiden Tribute of Modern Babylon', uncovered a sexual underworld where upper-class gentlemen could revel in the 'cries of tortured victims of lust and brutality'. It led, in the UK, to the 1885 Criminal Law Amendment Act which criminalized procurement and raised the age of sexual consent for girls from 13 to 16.

In alliance with Christian organizations, 19th-century feminist anti-prostitution campaigners called upon national states not to regulate but to ban prostitution altogether. State regulation meant, they argued, that the state 'acted like a pimp' by maintaining the institution of prostitution. In 1875, a major international movement was founded in the shape of the British and Continental Federation for the Abolition of Government Regulation of Vice, which called for the abolition of prostitution. High on its political agenda was the fight against the international traffic in women for the purposes of prostitution, reflecting wider social panics of the time concerning the effects on society of increasing immigration patterns. In 1904, the first 'International Agreement for the Suppression of the White Slave Traffic' was agreed upon, giving rise to a gradual process of legal prohibition of brothels across most Western countries.

First-wave feminist campaigns mobilized both the moral and the biological model of sexuality to argue for the need to protect women from the dire consequences of male lust. They placed women in the role of guardians of public and private morality, thereby reproducing the prevalent social models of femininity of the time, which based female respectability on virginal purity or married chastity, while the immoral, 'depraved' behaviour of sexually promiscuous women defined them as 'whores' either metaphorically or literally.

Free love

Not all feminists shared this binary view of female sexuality, however. Numerous prominent feminist thinkers participated in 19th-century radical sex reform movements which argued for greater sexual freedoms for men as well as women. Libertarian and anarchist thinkers attacked obscenity and anti-homosexuality laws, calling for access to birth control information, abortion, and 'free love' between equal partners within a freely chosen bond. Echoing earlier attacks on the institution of marriage by feminist pioneers such as Mary Wollstonecraft, they rejected the marriage contract as founded upon the economic and physical appropriation of women by men, though most free love thinkers encouraged monogamous relationships. Free love was promoted by freethinkers, anarchists, and socialist feminists such as the Americans Emma Goldman and Lillian Harman, or Ito Noe in Japan, who was murdered with her male lover by Japanese military police in 1923. The German *Verband Fortschrittlicher Frauenvereine* (League of Progressive Women's Associations) proposed a boycott of marriage and celebrated sexual pleasure for women as well as men, while the English Legitimation League, originally created in 1893 for the defence of the rights of children born out of wedlock, called for the merging together of 'two of the noblest principles of human relations – freedom and love'. Alexandra Kollontai, the most prominent female communist revolutionary in the early decades of the Soviet state and founder of the *Zhenotdel* (Women's section of the Central Committee of the Bolshevik Party) in 1919, argued that the family, like the state, was a capitalist institution which would wither away with the future development of the socialist 'heaven on earth'. 'The family', she wrote in 1920, 'is ceasing to be necessary either to its members or to the nation as a whole.' As she put it in her 1920 text *Communism and the Family*:

> Instead of the conjugal slavery of the past, communist society offers women and men a free union which is strong in the comradeship which inspired it.

Since female sexual exploitation was linked to the economic dependency of women on men of the capitalist system, prostitution, she believed, would also 'automatically disappear' in the radiant communist future. The sex drive, which she saw 'not as something shameful and sinful but as something which is as natural as the other needs of a healthy organism, such as hunger and thirst', should not be restrained as long as sexual excess, which threatened workers' capacity for productivity, was avoided, as she wrote in her 1921 text *Theses on Communist Morality in the Sphere of Marital Relations*.

Kollontai's views were rapidly sidelined by Lenin, while free love thinkers in capitalist societies generally encountered hostility from mainstream suffragist organizations which feared that sexual libertarianism would undermine the social respectability of wider campaigns for women's rights (much as socialist organizations generally feared that support for 'free love' would alienate their working-class members). Sexual radicals and mainstream feminists agreed, however, on women's right to refuse 'unreasonable' male sexual demands and excessive numbers of pregnancies, and to ownership over their own bodies, promoting the concept of 'voluntary motherhood'. Whereas some saw the solution in greater access to sex education and contraceptive information and methods, others called upon men to exercise greater self-control and chastity, leading the Victorian physician William Acton to complain in 1871:

> During the last few years, and since the rights of women have been so much insisted upon ... numerous husbands have complained to me of the hardships under which they suffer by being married to women who regard themselves as martyrs when called upon to

fullfill the duties of wives. This spirit of insubordination has become intolerable.

Free love feminists saw the liberation of sexuality as crucial for a wider transformation in the social position of women, in a context in which there was no legal abortion, methods of birth control were largely unreliable, mortality rates of women in childbirth or from backstreet abortions were high, and women were profoundly dependent upon men.

Sexual liberation

The women's movements that emerged in the 1960s and 1970s, generally referred to as 'second-wave feminism', put the politicization of sexuality at the heart of their agenda, but did so in an entirely different social context. Second-wave women's movements emerged in societies whose traditional gender relations had been fundamentally transformed by the massive post-war entry of women into the workforce. Against the backdrop of greater economic independence that resulted both from women's entry into paid work and from the emerging state provision of welfare which offered alternative support mechanisms, wider (and partly linked) detraditionalization processes occurred which transformed the institutions of marriage, the family, and gender. Overall, women's control over their own life options increased significantly, especially for middle-class women; though rising divorce rates also produced a feminization of poverty, primarily among single mothers in those countries where welfare state support was weakest.

Meanwhile, a further major set of social changes took place in the area of reproductive control. The prominent American birth control campaigner (and eugenicist) Margaret Sanger, founder of the American Birth Control League in 1921, had long called for the development of a pharmaceutical birth control product, meeting up with scientists in 1950 to explore possibilities. Sanger joined forces with the philanthropist Katherine McCormick, who funded the majority of the scientific research and development of the Pill, and from 1960 the modern contraceptive pill, invented by Karl Djerassi, became available to the wider public in the Western world. With the availability of reliable birth control for the first time in human history, and the subsequent elaboration of new reproductive technologies such as IVF (in vitro fertilization) which mean that conception cannot just be prevented but also artificially produced, Freud's famous claim that 'anatomy is destiny' is no longer true. And yet, many feminists initially received the Pill with hostile suspicion. They considered it as another example of male medical control over female bodies, especially given the negative side effects of the initially highly dosed new product.

The uncoupling of intercourse and reproduction involved a radical transformation of the conditions of female sexuality with, in turn, profound consequences for male sexuality. How far access to contraception encouraged the sexual revolution of the 1960s and 1970s has been hotly contested, but it was certainly an important precondition. The rise of sexual permissiveness and the emergence of new meanings around love, sex, and relationships, which spread from the pioneering countries of the Netherlands, Sweden, and Denmark across the Western world, transformed the landscape of sexuality. The countercultural social movements that emerged in the 1960s, most prominently the American Civil Rights and anti-war movements with their slogan 'make love not war', as well as the anti-authoritarian student movements in countries such as France, Germany, the Netherlands, and the UK, were heavily influenced by sexual liberation theorists such as Fromm, Reich, and Marcuse. They promoted the liberation of 'natural' sexual desire from bourgeois repression as part of a wider project of political subversion of capitalist, authoritarian society.

Symbolized by the 'summer of love' of 1967, the increase in sexual permissiveness has conventionally been interpreted by sociologists such as Anthony Giddens to be 'gender-neutral', and to have led to greater female sexual autonomy. Many feminists initially embraced the sexual revolution with great enthusiasm, seeing sexual liberation as crucial for women's liberation generally. From the end of the 1960s, consciousness-raising groups sprang up in many countries which encouraged women to explore their bodies and capacities for sexual pleasure, such as the 'bodysex workshops' that the sex educator Betty Dodson organized from 1973 in the US. Having presented female masturbation as a means of reversing the repression of female sexuality in her book *Liberating Masturbation*, Dodson's workshops guided a circle of naked participants in collective 'orgasm rituals' with the help of vibrators. Dodson further celebrated 'swinging' and campaigned against monogamous possessiveness, jealousy, and sexual guilt – ideas that were promoted with considerable enthusiasm by many other sexual revolutionaries at the time. *More Joy of Sex*, for example, the follow-up of the international best-selling sex manual *The Joy of Sex* (1972) written for a mainstream public by the sexologist Alex Comfort, presented a positive picture of swinging among members of a community, though it warned against choosing to do it with close friends or with strangers (while later editions warned against swinging altogether, on the grounds of HIV/Aids risk).

The sexual revolution was nothing like the 'fulfilling love and sex between equal partners' which the free love feminists had imagined, however. The cultural transformations involved in the sexual revolution were primarily led by men, and largely reproduced the unequal relations of power between men and women while celebrating a normative promiscuity which, feminist critics suggested, benefited men more than women. Works such as Sheila Jeffreys's *Anticlimax: A Feminist Perspective on the Sexual Revolution*, published in 1990, argued that, in retrospect, the revolution was less an increase in sexual freedom for women than the fulfilment of male fantasies about female availability. The rhetoric of sexual liberation legitimized male control of women's sexuality and made it impossible to 'say no' to sexual advances, they claimed. As feminist author Beatrix Campbell put it in 1980:

> ... the permissive era had some pay-off for women in so far as it opened up political-sexual-space. It permitted sex for women too. What it did not do was defend women against the differential effects of permissiveness on men and women ... It was about the affirmation of young men's sexuality and promiscuity; (...) The very affirmation of sexuality was a celebration of *masculine* sexuality.

Nor was the sexual revolution quite what some liberation theorists had pictured. Far from the subversion of capitalism by the free reign of the pleasure principle which Marcuse and Reich had hoped for, the lifting of obscenity and other morality laws that resulted from the relaxation of moral controls over sexuality opened the floodgates to the commodification of sex at a previously unprecedented scale. The national and international sex industry dramatically expanded, and it became a major player in the capitalist global economy. Whereas *The Joy of Sex* had predicted that sexual freedom would render prostitution unnecessary, since women would now be willing to meet all male sexual needs for free, commercial sex in reality greatly increased – as did pornography. Both prostitution and pornography consequently rapidly returned to the agenda of the women's movement.

The politics of orgasm

More generally, sexuality became one of the central issues of second-wave feminism. The sexual oppression of women came to be seen as a central – by some theorists, as *the* most central – area of male power over women. The new women's movement thus adopted the slogan 'the personal is political', expressing the idea that many of women's 'personal' life experiences are in fact rooted in the subordinated position that women as a group have within the gendered power structure. Consciousness-raising groups that aimed to increase awareness of the structural basis of individual women's experiences were consequently seen as an important basis for collective political action. Within the context of this politicization of the 'private', sexuality was intensely discussed and problematized. It was central to an important part of feminist theory and activism since the 1970s, including issues such as the right to sexual pleasure, the right to say 'no', political lesbianism, and debates around contraception, abortion, rape, sexual abuse, pornography, prostitution, and sexual harassment; most of the issues that mainstream politics had conventionally defined as part of the 'private' sphere of the family and the individual citizen. Feminist activism undertook to introduce the politics of sex into the political arena – and generally succeeded.

The feminist problematization of sexuality did not, however, constitute a unified whole. Since Kate Millett's *Sexual Politics* (1970), multiple and diverging voices have participated and contributed to the debates on sexuality. Disagreements on the role of sexuality in relations of power between men and women led to both political and theoretical differences in analysis. Influential socialist feminists such as Zillah Eisenstein, Michèle Barrett, and Juliet Mitchell, or the French 1970s '*Psych et Po*' (psychoanalysis and politics) group, turned towards Marxism, Freudianism, or a mix of the two to explore sexual repression and its links to capitalism. Others rejected psychoanalysis altogether for its perceived fundamental misogyny, while the Marxist assumption that the exploitation of women would come to an end with the withering away of the state was dismissed on the grounds that 'we cannot wait that long', as Germaine Greer put it in the *Female Eunuch* (1971). Alternative perspectives emerged over the next decades, including post-structuralist, postmodern, and postcolonial analyses of gender and sexuality, which currently compete with psychoanalytical and materialist/post-Marxist theory.

One of the most prominent theoretical battlegrounds over competing theories of female sexuality emerged within sexology. For a long time, sex research had considered female sexuality as a simple response to male instincts, as we have seen in Chapter 2. By investigating female sexuality as an autonomous research object, the US sexologist Kinsey opened up new ways of studying and of interpreting both male and female sexuality. This path was further pursued by sexologists like Masters and Johnson, Fisher, Kaplan, Sherfey, and Hite, as well as Friday's best-selling series of studies on male and female sexual fantasies. The study of female sexuality was particularly marked by controversies around female orgasm and its link to female anatomy. The emerging women's movement enthusiastically welcomed the research of sexologists Masters and Johnson whose laboratory observation of over 10,000 male and female orgasms in the 1960s had revealed women's virtually unlimited orgasmic capacities. In their 1970 work *The Pleasure Bond*, Masters and Johnson – who had already described themselves as 'not remotely' feminists a few years earlier – had equated women's liberation with sexual liberation and argued against the double moral standard which, they argued, taught women more than men to repress their sexual desires. Their rehabilitation of the important role of the clitoris for female sexual pleasure contrasted to much previous sexual science, which had traditionally emphasized the superiority and naturalness (or, as some strands of psychoanalysis argued, the greater maturity) of vaginal orgasm. Marie Bonaparte, for example, the most prominent promoter of Freud's ideas in France, thus proposed in the 1950s a surgical intervention which would locate the clitoris closer to the vagina as a cure for frigidity, in order to make 'defective' female anatomy fit better with Freudian assumptions about 'mature' sexuality. The sexologist Frank Caprio expressed widely held views when he stated in his 1963 book *The Sexually Adequate Woman*:

> ... whenever a woman is incapable of achieving an orgasm via coitus, provided the husband is an adequate partner, and prefers clitoral

> stimulation to any other form of sexual activity, she can be regarded as suffering from frigidity and requires psychiatric assistance.

Anne Koedt's influential essay 'The Myth of the Vaginal Orgasm' opened feminist attacks on such views in 1970, arguing that:

> Women have thus been defined sexually in terms of what pleases men; our own biology has not been properly analysed. Instead, we are fed the myth of the liberated woman and her vaginal orgasm – an orgasm which in fact does not exist.

Women who claimed to have vaginal orgasms were either faking or 'confused', Koedt controversially argued. The normative emphasis on vaginal orgasm in psychoanalysis and sexual science thus came to stand for male oppression of female sexuality for feminists, and became an important issue in the politicization of sex. The gender politics of orgasm was particularly central to the work of feminist sexologist Shere Hite, whose series of studies on male and female sexuality became international bestsellers, especially *The Hite Report on Female Sexuality* (1976) and *The Hite Report on Male Sexuality* (1981). As Hite put it in the report on female sexuality:

> Lack of sexual satisfaction is another sign of the oppression of women.

The Hite reports were based on wide-scale sexual surveys among women and men. Among the surveys' most hotly debated findings, the report on women observed that 'only approximately 30 percent of the women in this study could orgasm regularly from intercourse'; a result that in itself was not new. Sexual science had long been preoccupied with the lack of enthusiasm that many women seemed to have for intercourse, and earlier surveys by Kinsey, Masters and Johnson, and others had already found that the majority of women do not orgasm from intercourse alone. Hite used her result, however, to challenge the dominant sexological understanding of sexuality which reduced sexuality to heterosexual intercourse, and had consequently arrived at the conclusion that the great majority of women are 'frigid'.

Masters and Johnson were among the main targets of Hite's criticism. Despite their revaluation of clitoral orgasm, Masters and Johnson portrayed 'normal' sexuality as involving orgasm from intercourse and argued that the clitoris was automatically stimulated during intercourse by the 'mechanical traction' caused by 'active penile thrusting' – leading the feminist Alix Shulman to comment: 'much, I suppose, as a penis is automatically "stimulated" by a man's underwear whenever he takes a step'. For those men and women who did not respond to this 'natural' model, Masters and Johnson pioneered new types of sex therapy that aimed to teach subjects to overcome their 'dysfunction' by 'putting sex back in its natural context', that is, by training them to reach orgasm from intercourse. According to Masters' own estimate, within five years of the publication of *Human Sexual Inadequacy*, between 3,500 and 5,000 clinics offering treatment for sex problems were established in the US. Masters and Johnson revolutionized the sex therapy methods used in such clinics by providing 'incredibly vulnerable unmarried' men, as they described them, with female surrogate partners for treatment of male sexual 'inadequacy'. They did not, however, provide male surrogates to sexually inadequate unmarried women, on the grounds that this would be in conflict with the 'sexual value systems' of the time, and they later abandoned the use of surrogates altogether after being sued by an irate husband whose wife had volunteered to work as a surrogate.

Hite pointed out that most women seem more than capable of experiencing orgasm, only not via intercourse. Indeed, the majority of women in her survey seemed perfectly capable of procuring pleasure to their body by stimulating themselves, she remarked. 'Of the 82 percent of women who say they masturbated', Hite wrote, '95 percent could orgasm easily and regularly, whenever they wanted.' Women's problem was consequently not what Masters and Johnson termed female 'coital orgasmic inadequacy', but rather the way in which society defined sexual norms, in Hite's view:

> The fact that women can orgasm easily and pleasurably whenever they want (many women several times in a row) shows beyond a doubt that women *know* how to enjoy their bodies; no one needs to tell them how. It is not female sexuality that has a problem ('dysfunction') but society that has a problem in its definition of sex and the subordinate role that definition gives women.

Women find themselves in a state of 'sexual slavery' towards men, Hite claimed, providing them with sexual pleasure while ignoring their own needs. Equating the biological model developed by sexual science with the patriarchal oppression of women generally, she argued:

> The fact is that the role of women in sex, as in every other aspect in life, has been to serve the needs of others – men and children. And just as women did not recognize their oppression in a general sense until recently, just so sexual slavery has been an almost unconscious way of life for most women – based on what was said to be an eternally unchanging biological impulse. (...) Our model of sex and physical relations is culturally (not biologically) defined and can be redefined – or undefined.

In contrast, Hite drew on the social model of sexuality, arguing that:

> the pattern of sexual relations predominant in our culture exploits and oppresses women. It has institutionalized out any expression of women's sexual feelings except for those that support male needs.

Against this backdrop, Hite shifted the meaning of female lack of enthusiasm about sex from its traditional interpretation as the expression of sexual inhibitions from which women needed to be 'liberated', to a political act of 'resistance to participating in an institution which they have not had an equal part in creating', which was, in the report on male sexuality, explicitly compared to Gandhi's passive resistance of British rule in India.

Hite combated the 'sexual truths' produced by sexual science with its own weapons: legitimizing her claims by constantly referring to the authority of her 'scientific' data and methods. Her publications were nevertheless the target of bitter attacks from other sexologists such as Waldell Pomeroy, co-author of the *Kinsey Reports*, who questioned her methodology, 'political bias', and 'women's lib slant'; while feminists such as Jane Gallop criticized the 'science fantasy', that is, Hite's own emphasis on the scientific nature of her work, which, it was claimed, placed her necessarily in the same 'male place' as male sexologists.

Some feminists campaigned for the reform of the institution of heterosexuality, which was criticized for privileging male sexual needs, and called for better sex with men, naming the clitoris as a woman's new best friend. But others advanced 'political lesbianism' as an alternative. Following the American feminist Ti-Grace Atkinson's statement in the early 1970s that feminism is a theory, lesbianism the practice, authors such as Sheila Jeffreys, member of the Leeds Revolutionary Feminist Group, argued that women should exit relationships with men altogether, for as long as power relations between men and women remained unequal. Doing so, they believed, would foster relations of solidarity between women, though it would not require them to actually have sex with other women. As the Leeds group put it:

> We do think that all feminists can and should be political lesbians. Our definition of a political lesbian is a woman-identified woman who does not fuck men. It does not mean compulsory sexual activity with women.

Declaring lesbianism to be a matter of 'political choice' rather than a biologically determined sexual identity, political lesbians promoted a political version of the social model of sexuality. Sexual identity was not just defined by cultural, social, and historical context, they argued; it was a matter of voluntary political decision. As the Leeds group declared, since 'it is specifically through sexuality that the fundamental oppression, that of men over women, is maintained', political lesbianism was a crucial political strategy in the fight against patriarchy:

> Men are the enemy. Heterosexual women are collaborators with the enemy.

Authors such as Sheila Jeffreys and Adrienne Rich thus presented lesbianism as a position of resistance against patriarchy, one that did not need to include genital sex. Rich's 1980 essay 'Compulsory Heterosexuality and Lesbian Existence' advanced the concept of a 'lesbian continuum', according to which all women can share a 'range of woman-identified experience', from any form of 'bonding against male tyranny' to genital sex. Rich, in contrast to Jeffreys, did not ask heterosexual women to commit to lesbianism. The idea of a 'lesbian continuum' became an influential way of looking for points of solidarity between women in general, allowing for alliances between heterosexual and lesbian women.

In contrast, other voices within the women's movement argued for 'lesbian separatism', that is, the exclusion from women's lives not just of men, but also of heterosexual women. The latter, lesbian separatists argued, were guilty of collaboration through sleeping with men. As the most prominent lesbian separatist manifesto 'The Woman-Identified Woman', written in 1971 by the US collective Radicalesbians, put it: 'Our energies must flow towards our sisters, not backwards towards our oppressors.' Groups sprang up in most Western countries, such as Chicago Lesbian Liberation, Lesbian Separatist Group, Tribad, and

Collective Lesbian International Terrors in the United States, or the short-lived *Front des lesbiennes radicales* in France. They were, however, never more than extreme minority groups within the wider women's movement, and generated great hostility from other feminists who rejected the separatists' holier-than-thou attitude and 'phallic obsession', as Lynne Segal put it. In France, controversies around lesbian separatism led to the demise of the prominent feminist journal *Questions Féministes*, which had been founded in 1977 by an editors' collective that included Colette Capitan Peter, Christine Delphy, Emmanuèle de Lesseps, Nicole-Claude Mathieu, and Monique Plaza (later joined by figures such as Colette Guillaumin and Monique Wittig), under the directorship of Simone de Beauvoir. Whereas editors who left the journal argued that 'in the war of the sexes, hetero-feminism is class collaboration', when the journal was resuscitated as *Nouvelles Questions Féministes* in 1981, its editorial denounced lesbian separatism as 'terrorist' and 'totalitarian', 'incompatible with the principles of feminism', and emphasized that 'all women are oppressed by men as a class; ... feminism is the struggle against this *common* oppression'.

Feminist sex wars

Controversies over lesbian separatism also created tensions within the Women Against Pornography (WAP) group, whose founders in 1976 had included prominent figures such as Andrea Dworkin, Shere Hite, Gloria Steinem, and Adrienne Rich. Debates around pornography and prostitution, in turn, triggered major and bitter divisions among feminists, which became particularly intense during the 1980s. American organizations such as Women Against Violence Against Women, the UK Campaign Against Pornography, or New Zealand's Women Against Pornography defined prostitution and pornography as central to the oppression of women generally, in stark contrast to their portrayal within the sexual revolution as part of the wider march towards greater sexual liberation. Feminists such as Susan Brownmiller,

6. A feminist demonstration against pornography in New York, 1979

Andrea Dworkin, Catharine MacKinnon, and Susan Griffin conceptualized pornography and prostitution as forms of violence against women, and sexual violence as a key feature of male domination in general.

Controversially, they grounded their critique of female sexual exploitation in a broader analysis of male sexuality which identified violence as the underlying foundation of all male sexuality. As Brownmiller formulated it in her influential analysis of rape in 1975, *Against Our Will: Men, Women, and Rape*:

> From prehistoric times to the present, I believe, rape has played a critical function. It is nothing more or less than a conscious process of intimidation by which all men keep all women in a state of fear.

Rape, Brownmiller claimed, is a 'political crime against women', a weapon of patriarchy, as Kate Millett had also argued. Shere Hite agreed, stating in her report on male sexuality:

> Right now, forcible physical rape stands as an overwhelming metaphor for what has been the rape – physical, emotional and spiritual – of an entire gender by our culture.

From this perspective, pornography came to be seen as another manifestation of male violence against women, both during the production process of pornographic material, and in its consequences, by teaching men to eroticize the sexual subordination and abuse of women. Andrea Dworkin famously extended the analysis to intercourse itself, arguing that the sexual domination that she saw as central to pornography constitutes a basic feature of the ways in which men and women experience intercourse in patriarchal society. As she put it in 1987:

> In the fuck, the man expresses the geography of his dominance: her sex, her insides are part of his domain as a male. He can possess her as an individual – be her lord and master – and thus be expressing

> a private right of ownership (the private right issuing from his gender); or he can possess her by fucking her impersonally and thus be expressing a collective right of ownership without masquerade or manners.

Dworkin's views echoed statements made eight years earlier by the Leeds Feminist Revolutionary Group, who had written:

> Only in the system of oppression that is male supremacy does the oppressor actually invade and colonise the interior of the body of the oppressed. (...) Penetration is an act of great symbolic significance by which the oppressor enters the body of the oppressed.

Male sexuality was thus presented as intrinsically violent. Whereas Dworkin located this violence within the historic context of current gender relations, Catharine MacKinnon criticized social-construction theories of sexuality for obscuring the universal forms of the oppression of women through sexual abuse, rape, prostitution, and pornography. The short-lived women's collective Women Against Sex presented one possible conclusion of such analyses when stating in the late 1980s:

> There is no way out of the practice of sexuality except *out*... we know of no exception to male supremacist sex... We name orgasm as the epistemological mark of the sexual, and we therefore criticise it too, as oppressive to women.

Not all feminists agreed, however. Critics such as Ellen Willis, Gayle Rubin, Susie Bright, Lynne Segal, Carol Queen, and Carol Vance began to define themselves as 'sex-positive' feminists, in contrast to the perceived negative stance towards sex that pervaded the anti-pornography and anti-prostitution crusades. They attacked the anti-pornography stance on the grounds that its analysis of porn, which made no distinction between violent, misogynistic porn or porn produced for lesbians by lesbians, for example, was over-simplistic; rejected the 'depressing' views of sex that reduce female sexual pleasure in intercourse to the result of male brainwashing; and denounced the dangers of the legal strategies pursued by anti-porn activists to freedom of speech in general, as well as the 'disturbing' political alliances with the religious Right (who meanwhile continued to combat women's and gay rights) the anti-porn crusaders had made.

In the US, organizations such as the Feminist Anti-Censorship Taskforce (FACT) were founded in the early 1980s to fight the attempts to legislate against pornographic materials led by Dworkin and MacKinnon; while the transnational feminist Global Alliance Against Traffic in Women, based in Thailand, combated the call for the abolition of all prostitution promoted by the US-based Coalition Against Trafficking in Women (CATW). The Alliance called for the decriminalization of voluntary prostitution, reconceptualized as a form of 'work' that women can choose to engage in, while battling against any type of forced prostitution and trafficking in women. Meanwhile, women working in the porn industry and prostitutes, who had recently started to found their own interest groups and trade unions, often vigorously objected against feminist labelling of their activities as inherently degrading for women (though the prominent porn star Linda Boreman, who had appeared in the notorious porn movie *Deep Throat* as 'Linda Lovelace', joined forces with MacKinnon and Dworkin). Adopting the 'sex work' label, organizations of sex workers argued that the political emphasis should be on trying to legalize and improve working conditions in the sex industry rather than trying to eradicate commercial sex altogether. Sex-positive feminism further spawned a series of thriving businesses, particularly in the US, specializing in the sale of women-friendly sex toys and publications, such as *Good Vibrations*, *Babeland*, the *Down There Press*, or the lesbian magazine *On Our Backs*.

The fights between 'sex-positive' and anti-prostitution/ pornography feminists, described as the feminist 'sex wars'

7. Japanese sex toys, 1830

by Lisa Duggan and Nan Hunter, led to deep and permanent splits within feminism from the 1980s. One of the reasons for this is that the conflicts did not only concern differences about political strategies regarding commercial sex, but also involved fundamentally different ways of thinking about sexuality and its links to relations of power between the genders. In a context in which the women's movement came to be criticized by lesbians for privileging heterosexual concerns, by working-class women for reflecting middle-class interests, and by women of colour for being implicitly white, post-structuralist, postcolonial, and postmodern theories of gender emerged from the 1980s that rejected perceived simplistic binary oppositions between men-the-oppressors and women-the-passive-victims as politically mobilizing but conceptually unhelpful.

For example, as the African-American feminist Bell Hooks pointed out, sexual violence such as 'rape' has historically played a particularly important role for black women, as a central element of the system of slavery, and continues to impact on contemporary sexualized portrayals of black women; glossing over such differences in the name of universal male oppression is neither useful nor accurate. The category 'black feminist' has, in turn, also been criticized for masking cultural and class differences. For example, the African-American feminist novelist Alice Walker was actively involved in the international campaign against clitoridectomy, which is currently practised primarily in various countries on the African continent and some parts of the Middle East, as well as among some immigrant communities in Western countries. Feminist activists, including the prominent US feminists Gloria Steinem and Robin Morgan, joined third-world feminists such as the Egyptian Nawal El Saadawi to call for the redefinition of the practice as 'female genital mutilation' and a form of violence against women. As a result of international campaigns, the practice was declared a violation of human rights by Amnesty International and the United Nations, and made illegal in many Western as well as non-Western legislations since the mid-1990s. Whereas Alice Walker's earlier work had criticized white feminists for routinely excluding black women by speaking out on their behalf, her anti-female genital mutilation novel *Possessing the Secret of Joy* (1992), dedicated to 'the blameless vulva', and the documentary film *Warrior Marks* on the same topic which she co-produced, have been accused of cultural imperialism and neo-colonialism, for claiming to speak on behalf of African women on the grounds of her ancestry, while actually imposing an ethnocentric American vision of African cultural practices. More generally, Western feminists have been criticized for focusing on third-world cultural practices, while largely ignoring the fact that surgical interventions on women's genitals such as 'laser vaginal rejuvenation' and 'designer laser vaginoplasty' are currently among the fastest-growing areas of cosmetic surgery in many Western countries.

Whereas most feminists would promote a social rather than a biological understanding of gender identity and female sexuality, feminist thought on sexuality had primarily problematized female sexuality while treating male sexuality as, implicitly, unproblematic. Portrayals of male sexuality had echoed biological models of sexuality in taking for granted its naturally aggressive, triumphant, and, at times, violent nature. Feminist critics such as Lynne Segal, joined by theorists of masculinity – a field that greatly expanded in the 1990s – argued that it would be a mistake to conclude that this is also the way in which individual men experience sexuality. As Segal has pointed out:

> for many men it is precisely through sex that they experience their greatest uncertainties, dependence and deference in relation to women – in stark contrast, quite often, with their experience of authority and independence in the public world.

A significant degree of sexual anxiety, insecurity, and suffering on the part of individual heterosexual men, also emphasized in the work of Masters and Johnson, has been attested by empirical analyses of masculinity and male sexuality, including by feminist researchers such as Shere Hite, Wendy Hollway, or Susan Faludi. Whereas much of feminist theorization of sex has tended to equate heterosexuality with male domination, other feminist authors have thus emphasized the complexity of male and female sexual experiences. While not accepting male domination uncritically, they have stressed the need to take a closer look at what current transformations of masculinity mean for the dynamics of sexual interactions between men and women.

Feminist analyses of sexuality have constructed the institution of heterosexuality, the family, and intimate relationships as particularly important sites of the oppression of women by men, and therefore of political struggle. While this has led at least some radical feminists to argue for the abolition of the family (echoing the earlier views of Alexandra Kollontai or Wilhelm Reich), or the boycott of heterosexuality, the privileged focus on gender power within intimate relationships has also resulted in a comparative theoretical neglect of the role of state regulation of the family and sexuality. Paradoxically however, it is also in the context of the politics of sexuality that feminist activism has most frequently and successfully interpellated the state, albeit in contradictory ways. Whereas feminists have called for state legislation in areas such as rape, sexual harassment, and pornography, pushing these issues from the private into the public sphere, they have also argued against state intervention in matters such as abortion, on the grounds of a woman's 'private' right to decide. Feminist politics of sexuality have also, as we have seen, been the source of great conflict among feminists. Recent calls for more differentiated analyses of male and female sexuality have pointed out the importance of other types of identity, especially class and race, to the understanding of the ways in which power relations shape sexual experiences. As we shall see in the next chapter, gender, class, and race have also crucially shaped the regulation of sexuality by the state.

Chapter 4
The state in the bedroom

> The complex problems now confronting America as the result of the practice of reckless procreation are fast threatening to grow beyond human control. Everywhere we see poverty and large families going hand in hand. Those least fit to carry on the race are increasing most rapidly. People who cannot support their own offspring are encouraged by Church and State to produce large families. (...) Funds that should be used to raise the standard of our civilization are diverted to the maintenance of those who should never have been born.
>
> Margaret Sanger, c. 1921

The Aids crisis

The access to more reliable methods of contraception, the legalization of abortion, and the relaxation of moral controls on sexuality triggered by the sexual revolution opened up a small window of greater openness, legal freedom, and sexual experimentation from the 1960s which detached sexuality from its traditional associations with sin and disease. The consequences of these changes were profound, especially for women, for whom sexuality had historically been entwined with the dangers of loss of reputation, unwanted pregnancy, and death in childbirth. In retrospect, the lighthearted celebration of greater sexual opportunities – criticized by feminist thought for masking the exploitation of women by men – lasted less than two decades. The emergence of HIV/Aids (acquired immunodeficiency syndrome) from the early 1980s symbolized a move away from the hedonistic emphasis on sexuality as a site of pleasure. It revived earlier associations with danger and risk, echoing traditional anxieties about sexually transmitted disease, and about prostitutes and ethnic or racial 'others' as sources of sexual danger. It also set the stage for a return of religious models as major actors in the politics of sexuality.

The sociologist Jeffrey Weeks has argued that Aids revealed the unfinished character of the sexual revolution. On the one hand, sexuality remained primarily associated with heterosexuality not just within writings and therapeutic practices of sexologists such as Masters and Johnson and popular works such as *The Joy of Sex*, but also within areas of the feminist politicization of sexuality (as lesbian feminists had earlier complained). In this sense, the sexual revolution was a heterosexual revolution, as Sheila Jeffreys has pointed out. On the other hand, the loosening of moral control over sexuality, combined with the weakening of legal regulations against deviant sexualities, created societal conditions in which peripheral sexualities could flourish more publicly. The historically unprecedented growth in the West of lesbian and gay 'communities of choice' in the 1960s and 1970s publicly demonstrated the profound transformations of the sexual order that accompanied the sexual revolution and signalled a new era of political mobilizations around the rights of sexual minorities. Whereas lesbians and gays had been successful in establishing new public identities, the Aids crisis revealed, as Weeks contends, that traditional associations of homosexuality with disease and abnormality had not been suppressed irreversibly. With the advent of Aids, sexuality moved away from its connection with liberation to become once again fraught with anxieties and risks. As the American sexologist Theresa Crenshaw, president of the American Association of Sex Educators, Counselors, and

Therapists (AASECT), put it in 1987: 'the sexual revolution is over'.

Western responses to Aids were shaped by the political climate of the time. In countries such as the UK and the US, the 1980s saw the rise of the Right with the Thatcher and Reagan governments. The moral agenda of the Right was shaped in response to the claims of gay rights activists and the perceived threat from feminist critiques of dominant understandings of femininity and female sexuality. Whereas the sexual reforms of the 1960s had been promoted by the political Left, by the late 1980s, it was the Right which called for moral regeneration backed by state intervention. Particular targets were the 1960s liberalizations such as the legalization of abortion and homosexuality, as well as the greater legal freedoms in the areas of obscenity and censorship (attacks on the latter being supported as much by the moral Right as by certain strands of feminism that combated pornography).

The World Health Organization and UNAIDS currently estimate that more than 25 million people have died from Aids since it was first reported in Los Angeles by the US Center for Disease Control and Prevention on 5 June 1981, and that 38.6 million people presently live with the disease worldwide. A third of deaths from Aids have occurred in sub-Saharan Africa. While national rates of HIV infection currently exceed 20% in countries such as Botswana, Lesotho, Swaziland, and Zimbabwe, in some sub-regions over 70% of the population are estimated to be living with Aids. Such figures show the Aids pandemic to be one of the most destructive in human history. Since unprotected sexual contact is the main (though by no means only) vehicle of infection with HIV, Aids put sexually transmissible disease back at the forefront of collective anxieties about sex. As an infectious disease whose global spread was accelerated by long-distance trucking, mobile migrant work, tourist travel, and other forms of mobility characteristic of modern society, it required fast intervention both at the level of national states and at the international level. And yet, most governments were initially slow to react due to its initial identification as a disease that struck marginalized groups such as gay men, drug addicts, and ethnic minorities. Whereas 'innocent' victims such as haemophiliacs were to be pitied, the 'degenerate conduct' of promiscuous people meant that they were 'swirling around in a human cesspit of their own making', as the Chief Constable of Manchester, James Anderton, put it in 1988.

For the moral Right, Aids was the result of the permissive society. In the US, where the majority of Aids victims in the 1980s were black or of an ethnic minority, underlying racism further impacted on government inaction, and elsewhere the association of Aids with black people – in particular, Africans – or foreigners more generally structured public understandings of Aids as something brought in by 'outsiders'. Policies that were initially considered were primarily repressive in nature, including measures such as quarantine (supported by religious fundamentalists who saw Aids as divine retribution for immoral behaviour) or the mandatory testing of 'risk groups' and revival of anti-sodomy laws; measures that were promoted by conservative groups despite lack of evidence as to their effectiveness in curtailing the disease. Proposals for preventative sex education campaigns were treated with hostility from conservatives, who argued that they would encourage promiscuous behaviour. The first few years of the epidemic were furthermore characterized by recurrent media hysteria about the 'gay plague'.

Against the backdrop of governmental foot-dragging, most of the initial prevention effort in the West, especially in the UK and US, did not come from the state, but from grassroots organizations which had developed out of gay liberation and feminist movements. Voluntary organizations such as the Gay Men's Health Crisis (GMHC), founded in the US in 1981, or the Terrence Higgins Trust in the UK, set up primarily by gay activists, developed the concept of 'safe sex' and pioneered preventative sex education as well as support groups for people living with Aids, initially with minimal state support.

Gay organizations pursued different political tactics. For example, groups such as the GMHC centred on self-help, with the declared aim being the provision of care for the sick similar to that given by families or groups of friends – a crucial necessity in a social context in which biological families were often reluctant to assume that role themselves (reflecting the stigmatization of Aids and homosexuality in general). The GMHC's radical offshoot ACT UP – Aids Coalition to Unleash Power – campaigned for greater access to new drugs for people living with Aids. Adopting the slogan 'silence = death' and the pink triangle which the Nazis had used to identify homosexuals, they privileged shock tactics that aimed to publicly embarrass government officials into action. Other groups such as the Lambda Legal Defense Fund pursued the strategy of 'impact litigation' – consisting of the selection of cases not just for their impact on a particular person, but for the wider legal precedent that they would set – in areas such as discrimination in the workplace, aiming to improve the legal position of Aids sufferers as well as gays and lesbians more generally. The health emergency of Aids acted in turn as a further point of crystallization for political mobilization around gay rights. As Weeks has put it:

> The impact of the Aids crisis served to solidify the ties of community between gay people not despite but *because of* the threat it posed to their survival.

Sexologists were generally as slow to react to the emergence of the epidemic as governments. Deep internal divisions emerged over the most appropriate political response. In the US, for example, as the sociologist Janice Irvine reports in her analysis of modern American sexology, politically conservative sexologists such as Helen Singer Kaplan, Theresa Crenshaw, and Masters and Johnson rejected the notion of safe sex as a myth, and called for the 're-establishment of traditional values', to use Crenshaw's terms. Masters and Johnson's alarmist book *Crisis: Heterosexual Behavior in the Age of Aids* claimed in 1988 that Aids could be contracted from toilet seats and restaurant food (a claim that epidemiological experts strongly disavowed but which triggered a thriving commerce in 'anti-viral' toilet sprays). They called for mandatory testing of risk groups and for 'governmental crackdowns on prostitution'. Conservative American sexologists consequently frequently found themselves in political alliances with religious groups, as illustrated by Crenshaw's statement in 1987:

> I don't really mind if the right-wing leaders want to limit sexual practices to monogamy for religious reasons, if we want to limit them scientifically and the net result is the same.

Such positions were strongly rejected by other sexologists, however, many of whom became actively involved in the production of safe sex material and counselling.

Government responses to Aids

By the late 1980s, most Western governments had belatedly acquired a grasp of the urgent need for intervention, partly triggered by the rising numbers of heterosexual infections. The intensity of policy efforts varied across countries, however. Most Western countries introduced Aids-prevention measures in the form of poster and television campaigns and various forms of sex education from the late 1980s, and have repeated these since at varying intervals every few years. Switzerland had, in the mid-1980s and early 1990s, the highest level of HIV infection in Europe, partly due to relatively high levels of intravenous drug use. It is now recognized as the most proactive European country in publicizing Aids prevention, having introduced yearly nationwide Aids-prevention campaigns as well as a complete overhaul of its policies towards drug users, which have switched

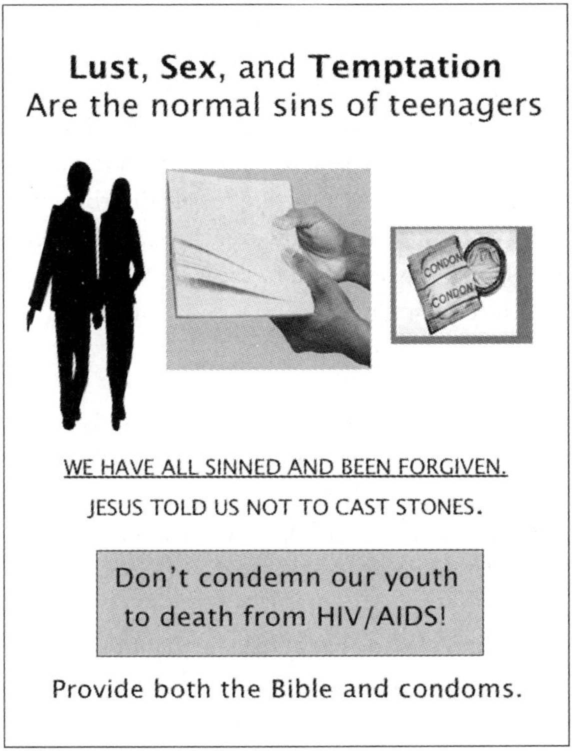

8. An example of an Aids-prevention poster campaign

from an emphasis on police repression to medicalization, including free supply of sterilized needles; the result has been a dramatic decrease in new cases of infection.

Debates continue, however, about which prevention policies to promote, and have been the arena for major intervention from religious models of sexuality. Controversies have centred in particular on the promotion of condom use. Recognized by medical experts to be the most effective protection against Aids short of sexual abstinence, condoms continue to arouse great opposition from fundamentalist groups and the Catholic Church, who reject their interference with procreation and claim that they encourage sexual promiscuity. The US and American-funded programmes operating in developing countries currently privilege the ABC approach to Aids prevention, emphasizing 'Abstinence, Being faithful, and Condom use'. In the US and elsewhere, 'Just Say No!' campaigns promote sexual abstinence, while unmarried young people with a sexual past are encouraged to become 'born-again virgins' through a pledge to refrain from further sexual activity until marriage. However, such programmes have generally been unsuccessful in radically changing sexual behaviour or in reducing rates of HIV/Aids transmission, as health evaluations have demonstrated.

The emerging recognition that the majority of infections occur through unprotected heterosexual intercourse led to what has been described as a 'de-gaying' of Aids in the 1990s. Its results were received with ambivalence by gay activists. On the one hand, it was welcomed for decreasing the stigma associated with homosexuality. On the other hand, it meant that public funding, which had already been little forthcoming in the early years, was now not allocated with priority to gay support organizations, although gay men were still disproportionately affected by Aids. Some activists have consequently called for the 're-gaying' of Aids.

The issue of heterosexual infections with Aids also triggered further feminist critiques of sexuality. Building on the argument that Aids risk was not attached to certain types of people, as the focus on 'risk groups' had implicitly assumed, but to certain types of (unprotected) sexual practices, such as anal sex, feminist research such as the series of studies carried out in the early 1990s by Janet Holland and others explored the consequences of male sexual domination for risk-taking sexual behaviour. The research revealed that both heterosexual men and women tend to define and experience sexuality in relation to the primacy of male sexual 'needs'. Most partners adopt a biological understanding of male sexuality as the expression of natural, uncontrollable drives which should not be interrupted; a view which puts obvious constraints on women's possibilities for negotiating safer sex. Furthermore, normative female identity creates the dilemma for women that, on the one hand, contraception and Aids protection are seen as female responsibilities, while, on the other hand, women feel they should refrain from asking for anything that might spoil their partners' sexual pleasure. Interrupting the sexual performance of the male partner and being assertive about safety can run counter to being feminine, as Holland's team pointed out. The non-adoption of safer sex practices such as condom use does not, however, result from an external imposition of male power (at least not within the consensual relationships that were the focus of this study). As Holland's study demonstrates, male preferences are instead interiorized and actively reproduced by women, a mechanism the team describes as 'the male in the head'.

Various feminist analyses emerging from the area of Aids risk and prevention have thus been concerned with issues of women's power and powerlessness in heterosexual interactions, usually stressing the relative lack of power of women in sexual encounters with men. The reasons given for this powerlessness vary, however: different socialization for UK sociologist Janet Holland, economic dependency on men for Australian social psychologist Susan Kippax, or wider dominant definitions of heterosexuality for US anthropologist Carole Vance. Despite such divergent diagnostics, feminist research demonstrates the need to take gender identity into account when conceptualizing risk in sexual practices. Normative gender identities and gendered relations of power have clear implications for people's ability to prevent the sexual transmission of Aids; implications that government policies have in recent years attempted to try to build into their preventative strategies.

The health emergency created by Aids has constituted a major area for state intervention in citizens' sex lives, with sex education campaigns spelling out to them, in sometimes graphic detail, how they can avoid risk of infection with HIV. Initial government campaigns focused primarily on providing information as to how to prevent HIV infection, implicitly assuming that citizens were rational individuals who would abandon their risk-taking practices once they had been informed of their dangers. However, continuing new infections rapidly demonstrated that the provision of information, while crucial, did not suffice. Indeed, sexual interactions do not constitute the most rational area of most individuals' lives. In addition, we generally do not engage in sex as individuals, but in interactions with others, which again underlines issues of power and communication. The Aids crisis has thus demonstrated the importance for government prevention campaigns to take into account the emotional and irrational aspects of sex.

Eugenic 'race improvement'

Whereas state policies around Aids put the main emphasis on treatment, support, and transformation of sexual practices of individual citizens, other types of state action regarding sex have been primarily driven by collective concerns. At the collective level, sexuality carries particular symbolic importance, since it is through reproductive sexuality that the nation is biologically reproduced, which turns it into a concern of the state. As Michel Foucault put it:

> Sexuality has always been the site where the future of our species, and at the same time our truth as human subjects, are formed.

States have traditionally been preoccupied with the size and quality of their populations, concerns that have often reflected anxieties about the nation and its identity. Worries about decline in size or quality of the national population, about overpopulation, about 'surplus' of female or male children, or about whether immigrants are having more children than 'native' citizens have been recurrent items on national policy agendas. State concern with reproductive sexuality was particularly central to Western experiments with eugenics. The term 'eugenics' was popularized by Sir Francis Galton in 1883, to refer to the genetic improvement of the national 'stock' on the basis of the scientific study of 'all influences that tend, on however remote a degree, to give to the more suitable races or strains of blood a better chance of prevailing speedily over the less suitable than they otherwise would have had'. Galton regarded the evolutionary processes analysed by his cousin Charles Darwin, in particular the ideas of natural selection and the survival of the fittest, as too slow and uncertain for modern needs. Modern society put particularly high demands on its political elites, whose intellectual capacities were evolving too slowly, he argued. The 'science' of eugenics thus emerged during the second half of the 19th century, with the aim of assisting nation states in implementing social policies which would improve the quality of the national 'breed'. In opposition to the laissez-faire attitude of political liberalism, eugenicists advocated active social engineering. Individual citizens had a patriotic duty to contribute to the improvement of the nation through what Galton's successor Karl Pearson called 'a conscious race-culture'. As Havelock Ellis, a pioneer of both sexology and of eugenics, put it, 'sound breeding of the race' constituted 'our best hopes for the future of the world'.

Sexologists and psychiatrists were prominently represented within eugenic 'science' and activism. Eugenic thought in the first half of the 20th century comprised more precisely three central elements, which all reflected a profoundly biological model of human development: methods of selective breeding, worries about the physical and mental decline of the population, and ideas about the hereditary character of mental and physical illnesses and morally deviant behaviours – all of which directly affected ideas about sexuality and gender. As a combination of science and social movement, eugenics provided an analysis of what was wrong with modern society, how this occurred, and by what means it could be remedied. In the face of mounting threats and anxieties about 'degeneration', 'race suicide', and the threat of 'disorderly sexualities', eugenicists promoted a comprehensive programme of social engineering founded upon the rational management of reproductive sexuality by the state. It was to become an influential set of ideas, due to overlaps with other social and political concerns. Indeed, in the context of accelerating industrialization and urbanization processes, the rapidly growing urban population appeared as potentially destabilizing to the public order, while disciplined, healthy, and prolific citizens came to be seen as a source of wealth for expanding nation states.

The emergence of modern health and social policies from the turn of the 20th century provided the institutional conditions for translating eugenic rhetoric into a policy programme. Nowadays, eugenics tends to be popularly associated with Nazi Germany, where large-scale experiments in social engineering included forced sterilizations and 'euthanasia' of 'degenerate' persons. The 1933 Law for the Prevention of Hereditarily Diseased Offspring required doctors to register hereditary illnesses in their patients. In the course of the Nazi regime, over 200 'Hereditary Health Courts' were set up, which implemented over 400,000 sterilizations.

However, eugenic ideas found support across the political spectrum, including among anarchists. Democrat reformers were among the pioneers of eugenic 'science' as well as policy practices in Europe. A number of eugenic policies such as forced sterilization of 'degenerates' were strongly promoted by the Left and pioneered in democratic countries. Some eugenicists placed great hope in eugenics as a social technology which could alleviate problems such as poverty and alcoholism, especially in combination with the eugenic education of citizens. These versions of eugenics became part of the intellectual and political project of European social democracy. While feminists were to be found on both sides of the debate – supporting and opposing eugenics – most opposition came from liberals, who rejected state intervention in private life, and churches, particularly the Catholic Church.

Eugenicists called for scientifically founded state intervention to prevent further degeneration of the diseased national body. The emerging welfare state added an additional motive to that of preventing degeneracy: limiting public expenditure. Rapidly expanding welfare institutions increasingly targeted the 'inferior' categories of the national population, who became the main recipients of the growing welfare system. Limiting the number of 'weeds' in the national garden therefore appeared as a rational means of reducing welfare costs, which many social democrats as well as feminists supported enthusiastically. For example, Margaret Sanger, a prominent early 20th-century American feminist campaigner for sexual liberation and birth control – which would, she believed, liberate women from the biological burden of reproduction – was also an enthusiastic eugenicist. She wrote in 1925:

> Nature eliminates the weeds, but we turn them into parasites and allow them to reproduce.

Such 'human weeds' which 'clog up the path, drain up the energies and the resources of this little earth' should be eliminated from the national garden in order to 'clear the way for a better world', as she put it in 1922.

Eugenics offered the hope of a scientifically grounded elimination of all sorts of social ills and disorderly conduct, through policies that would carefully regulate the reproductive sexuality of the population. Other eugenic policies included education programmes, non-voluntary incarceration in psychiatric clinics, removal of children from parental homes, prohibition to marry, as well as measures that specifically targeted vagrants, 'gypsies', and, more generally, socially deviant groups such as unmarried mothers, 'sexual deviants', or people with physical or mental impairments. In Great Britain, eugenic preoccupations were clearly intertwined with the demands of the colonial empire, and much anxiety focused on the supposedly degenerative characteristics of the colonized, racial 'others' and the perils of interracial reproduction. However, despite widespread support for eugenics among leading intellectuals, the strong influence of liberalism in the UK, in particular the distrust of state intervention in private life, put a brake upon the translation of eugenic ideas into actual policy practice, at least at a national level. The political context was more favourable elsewhere in Europe. Countries such as Sweden and Switzerland – interestingly, neither of them colonial powers at the time – pioneered and applied eugenic policies to an extent that British eugenicists could only dream of.

Citizens' 'eugenic duties'

The eminent Swiss sexologist and socialist reformer Auguste Forel (1848–1931), Member of the Advisory Board of the International Federation of Eugenic Organisations and Honorary President of the World League of Sexual Reform in 1930, thus presented the construction of a social and national order based on the scientific management of reproduction by the welfare state as a moral duty to the future national community:

> The regulation of procreation through appropriate means is a moral task. It is necessary for the hygiene of our race. Only this, combined with the elimination of narcotic poisons, will be able to block the increasing degeneration of our race, and bring us a better future. We owe this to the progress, happiness and health of the future generations, for whose quality we are responsible.

Forel's view that the social order was based on hereditary dispositions and was under threat was combined with a traditional social-democratic belief in the redeeming powers of education. While 'only a healthy selection of the race' could improve the biological stock of the nation, this should be combined with active education campaigns based on science and reason:

> Let Science enlighten our sexual life freely and openly; then, the hypocrisy of normal people will cease, and that of abnormal people can be recognized in time and damage be prevented.

Given the importance of sexual selection for the regulation of procreation, Forel strongly promoted policies of sexual education. In his view, it was through selective, scientifically informed procreation that the boundaries around the national order were to be established and maintained. It was crucial, he argued, to teach young people about the consequences of having sexual relations with 'inferior' partners, and about the corresponding necessity of gathering information on the hereditary background of potential spouses. 'Each fiancée has the right and, in the interest of the future children, the holy duty,' Forel wrote, 'to know the sexual antecedents of their future spouse.'

In 1912, Switzerland prohibited marriage for the 'mentally deficient' and the 'legally irresponsible'. This made it the first European country to introduce a prohibitive marriage law based on eugenic rationale to prevent the reproduction of 'mental deficiencies'. Worldwide, the first eugenic sterilization law was introduced in Indiana in 1907, and by the 1930s almost two-thirds of US states had similar legislation targeting, in particular, institutionalized individuals such as criminals and those labelled 'mentally ill'. The notorious 1927 *Buck vs Bell* decision by the Supreme Court allowed the State of Virginia to sterilize a young single mother considered 'feeble-minded', who had been institutionalized to hide the fact that she had become pregnant from incest against her will, on the grounds that:

> It is better for all the world if, instead of waiting to execute degenerate offspring for crime or letting them starve for their

imbecility, society can prevent those who are manifestly unfit from continuing their kind ... three generations of imbeciles is enough.

In 1928, the Swiss canton of Vaud, influenced by Forel's ideas, adopted the first eugenic sterilization law in Europe. They were followed by Denmark in 1929, Germany in 1933, Sweden and Norway in 1934, and Finland in 1935. In the case of Switzerland, collective anxieties centred on the various social categories that were seen to constitute hereditary 'threats' to the Swiss nation: criminals, prostitutes, alcoholics, 'immoral' citizens (in particular unmarried mothers), the mentally ill, the physically disabled, haemophiliacs, people with tuberculosis, drug addicts, Jews, 'gypsies', and vagrants. It should be noted that the distinctions between labels such as sexual promiscuity, alcoholism, unsteadiness, dissoluteness, or 'squandermania' (a propensity for reckless spending) were often rather hazy. The 'mentally ill' were a particularly loose category which could include vagrants, people of 'weak morals', delinquents, and unmarried mothers (who were considered morally defective since they had clearly had sex outside of wedlock). Boundaries between medical diagnosis and moral values were, at best, fluid in eugenic discourse, and they completely dissolved in concepts such as 'moral feeble-mindedness'. Eugenicists such as Forel constantly called for the 'artificial sterilization' of the above-mentioned 'degenerate' categories of the population by the state, as a rational measure to prevent their reproduction. Forel perceived this task to be all the more urgent as he considered these sexualized 'others' and sexual 'perverts' – as well as women in general – as 'more sexual', and thus representing a particular reproductive threat to the nation.

Reflecting the eugenicist focus on female bodies as the reproducers of the nation, the sterilization of 'inferior' categories of the population was a strongly gendered practice. An early evaluation of the application of the Vaud law carried out in 1944 reported that nine out of ten eugenic sterilizations were carried out on women. Similarly, data from Zurich show that from 1929 to 1931, eugenic sterilizations were carried out on 480 women (in conjunction with abortion) and 15 men. Sterilization was also a heavily gendered practice in other countries: over 90% of the Swedish sterilizations were carried out on women.

The majority of legal sterilizations in the canton of Vaud – similar to the Swedish context – were applied to young, female social deviants, that is women who were deemed 'maladapted', living in poor conditions, mostly unmarried, and judged to have 'low intelligence'. The policing of respectable female sexuality appears to have been a central motive, since 'loose morals', 'uninhibited' female sexuality, or 'nymphomania', were frequently used as arguments for forced sterilization. In Zurich in the 1920s, for instance, prostitutes could legally be referred to psychiatric care when arrested. In a context in which 'feeble-mindedness' was considered to be more easily inherited by women than by men and prostitutes were considered to be particularly prone to pathologies, they were sometimes pressured into sterilizations. Sigwart Frank and Simon Jichlinksi, two psychiatrists who reported on sterilization practices in Switzerland in the 1920s and 1940s, provide extensive case stories exemplifying linkages between sexual transgressions and sterilizations. In 1931, the Directorate of the Poor Relief in Bern, the Swiss capital, issued a directive condemning the widespread practice of women's referrals for sterilization by welfare agencies and specifying that unmarried women, for instance, should only be sterilized 'if they show clear signs of physical or mental deficiency. [Sterilization] should henceforth not be carried out only because of sexual licentiousness if that person is otherwise physically and mentally normal.'

Sterilization could be applied against the consent of the person involved if she had been labelled as mentally defective. In other cases, methods for obtaining 'consent' included threatening withdrawal of welfare support or referral to a workhouse, or by granting permission to abort only on condition of simultaneous 'voluntary' sterilization.

Female bodies were a particular source of eugenic anxiety, as indicated by the gender imbalance in the removal of reproductive capacities. Reflecting traditional associations of reproduction with the female body, women were also seen as particularly important targets for the eugenic education and state regulation that eugenicists called for. As the sociologist Nira Yuval-Davis has pointed out, ideas about the 'purity of the race' tend to be crucially intertwined with the regulation of female sexuality. The prominent Swiss physician Imboden-Kaiser thus advocated an education programme that would instil in mothers a 'sense of reproductive responsibility', further developing Forel's principle of rational sexuality, while also calling for obligatory medical examinations and 'marriage ability attestations'.

While sterilization policies were the most extreme form of eugenic regulation of reproductive sexuality by the welfare state, these practices were complemented by 'preventative' education policies. The emphasis Forel and other campaigners placed on the necessity of eugenicist sexual education and marriage advice paved the way for the entrance of eugenics into the education curriculum. For example, an information brochure was produced and distributed in Swiss schools and officers' associations in 1939. The brochure educated Swiss youth about the dangers of reproducing with degenerate others, and pointed out their patriotic duty to the national collective. Youths were thus encouraged to:

> Choose your spouse from a physically and morally healthy, mentally superior family! You owe this to your offspring and to the Nation.

A Central Agency for Marriage and Sex Advice was set up by social-democrat welfare reformers in Zurich in 1932 – followed later by other Swiss cities – and organized exhibitions,

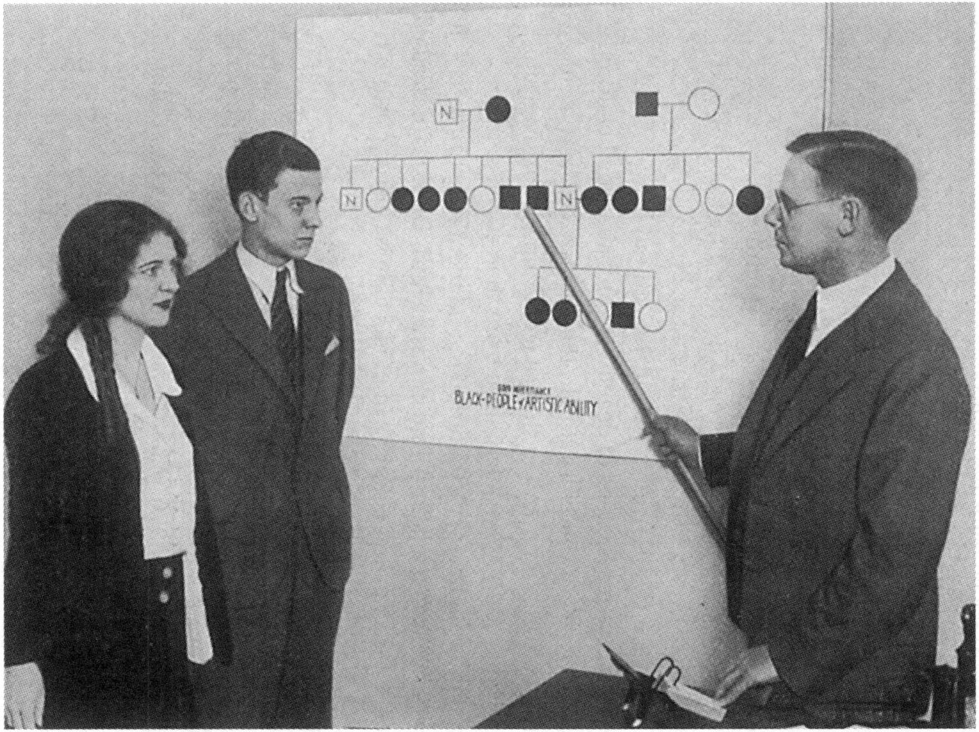

9. Eugenic marriage counselling in the US during the 1930s

presentations, and conferences on themes such as 'hereditary responsibility', 'psychiatric-eugenic advice on marital candidates' (1930s), and 'prevention of hereditarily diseased offspring' (1949). Sex and marital advice also constituted an area of political action for feminist social reformers who subscribed to the need for a 'less degenerate' future generation.

The notorious Swiss *Kinder der Landstrasse* ('Children of the Country Lanes') programme, a government-approved programme that aimed to eliminate vagrancy, had been set up by the federal child agency Pro Juventute and ran from 1926 to 1973. Its explicit aim was, in the words of its founding father Alfred Siegfried, to prevent the Yenish (the main group of 'gypsies' within Switzerland) from 'reproducing without restraint and bringing new generations of degenerate and abnormal children into the world'; it therefore sought the effective eradication of Yenish culture. In pursuit of these eugenic aims, Pro Juventute removed over 600 Yenish children from their parents, to be raised in orphanages, foster families, and mental institutions – an experience which a later prime minister, Ruth Dreifuss, described as 'one of the darkest chapters in modern Swiss history' in 1988.

Switzerland was by no means an exceptional case, however. It has been estimated that in Sweden, where eugenics was even more clearly intertwined with the construction of the social-democratic welfare state, 63,000 citizens were sterilized on eugenic grounds between 1934 and 1976. What is more, other European countries soon followed the Scandinavian and Swiss examples. Eugenic discourses were scientifically orthodox and their respectability was seldom questioned, and so eugenics seeped into mainstream culture in pre-Second World War Europe. The German Social Democrat Party (SPD), which had links with both the Swedish and the Swiss social democrats, played an important role in the development of left-wing versions of eugenics in the Weimar Republic, long before the Nazis applied a more radical form of eugenic policy. The SPD politicians Alfred Grotjahn (who also occupied the first Chair in Social Hygiene in Berlin) and Wolfgang Heine introduced the first eugenic measures, including the sterilization of disabled people, in the social-democratic-governed Prussia of the 1920s.

Social-democratic scientists, in particular sexologists, played as central a role in Germany as they did in Switzerland. For example, Magnus Hirschfeld was a prominent pioneer in the field of sexual reform and a homosexual himself. He was also a eugenicist who energetically campaigned against marriage for homosexuals. Indeed, he believed that, given their 'inferior' genes, homosexuals would be prone to giving birth to retarded children. Despite the fact that many social-democratic eugenicists, including Hirschfeld, later fell victim to the Nazis or fled Germany, they did not, as a rule, oppose Nazi measures such as forced sterilization, a practice that Hirschfeld considered 'an interesting experiment...', with the prudent qualification that 'it will be a long while before the results can be judged on their merits'.

Hirschfeld, like his friend and mentor Forel in Switzerland, was also involved with the social-democrat and eugenicist Marriage Advisory Board, which he had helped to develop in the context of his Institute for Sexual Science in the early 1930s and which became a forerunner of Nazi family eugenics. Disagreements with Nazi eugenicists centred, rather, on the 'fanatic' and consequently unscientific character of Nazi science, and especially on the matter of who should be included in the category of inferior persons. Indeed, social democrats such as Hirschfeld disapproved of the Nazi obsession with Jews (and complained that alcoholics and drug addicts consequently received less attention), a disapproval that was shared by British mainstream eugenicists. Interestingly, the *International Medical Bulletin*, which was edited in Prague by Jewish and social-democrat doctors who had fled Germany, attacked the 1933 Nazi sterilization law on political rather than ethical grounds: 'such a law is abused as an instrument of power in a capitalist state... only after a social revolution will it be possible to create the scientific and social conditions for "true" eugenics'.

In the UK and the US, a movement of 'Bolshevist Eugenics' emerged in the 1930s, which saw the Soviet Union as the only country that would be able to adopt a scientific stance towards the improvement of the community. In France, people such as Vacher de Lapouge, at various times a candidate for the *Parti Socialiste Ouvrier*, promoted the idea that citizens should fulfil a 'sexual service' in addition to their military service to the nation. These versions of eugenics thus became part of the intellectual and political project of European social democracy. It is no surprise that social democrats were avid defenders of eugenics within the state as they held a firm belief in the responsibilities of the state towards its citizens, individually and collectively. As Forel put it, an 'intelligent, scientific (not dogmatic) social democracy' was needed in order to 'solve the eugenic problem'. In addition, social democrats promoted the subordination of individual interests to the collective good. Viewing eugenics as a social technology to alleviate poverty and social ills, social democrats conceptualized eugenic policies as being in the collective interest of the nation.

Although eugenic ideas were articulated from both sides of the political spectrum, and some social democrats strongly opposed them, social democracy nevertheless played a key role in the creation of eugenic technologies in countries such as Switzerland and Sweden between the 1930s and 1960s. It was within the framework of the axis of scientific disciplines, state actors, and private organizations that eugenic thinking was most 'successfully' applied, with social democrats being involved as civil servants, bureaucrats, and scientists. In Sweden and Switzerland, in the absence of the colonial encounter with other racial groups, preoccupations with racial purity turned inwards rather than outwards. This resulted in the intensifying categorization and hierarchization of 'internal others' such as 'gypsies', 'loose women', or the mentally and physically disabled, who were deemed to be sources of physical as well as moral degeneration. Policies were thus particularly engaged in the safeguarding of internal boundaries around the nation which had both a biological and a moral dimension.

It should be remembered, however, that there were internal divisions among social democrats regarding eugenics; moreover, social-democrat versions of eugenics were dwarfed by the Nazi programmes. It would be misleading to align social democracy and eugenics in any simplistic way.

The emergence of modern welfare policies and the presence of a favourable political context offered an institutional framework for attempts to realize the eugenic dream. Eugenic technologies such as sterilization without consent and marriage interdictions were combined with other measures such as eugenic education, sex education, and marriage advice. Limiting the numbers of those population categories that were to become the main recipients of the new welfare provisions appeared in this context as a rational means of cost reduction. Although not all policy-makers agreed with the eugenic emphasis on the influence of heredity rather than the social environment, the cost-reduction argument often led them nevertheless to support eugenically motivated sterilizations. After all, sterilization was a lot cheaper for the state than the long-term financial support of 'degenerates'.

The widescale social and political experiments with eugenics illustrate the concern of the state with the reproductive sexuality of its citizens. Drawing heavily on biological understandings, eugenic policies nevertheless failed to acknowledge the role played by men in reproduction. Politics around eugenics and Aids illustrates the complex intersections of sexuality with hierarchies around gender and 'race', and its connections to notions of individual and collective ‘purity’. Both policy contexts suggest, moreover, that the interests of the individual do not always coincide with those of the majority. Collective mobilizations around state intervention in the area of sex have seen feminist and gay organizations occupy politically complex, and at times contradictory, positions.

Chapter 5
The future of sex

> The hesitantly speaking perverts of Krafft-Ebing's medico-forensic pages, confessing their most intimate secrets to the new sexual experts, have walked out of the clinical text and onto the stage of history, the living proof of sexual diversity.
>
> Jeffrey Weeks, 1986

Coalition politics

The 1960s and 1970s constituted a pivotal period of intensification of public discussion and politicization of sex in the West, which ultimately led to a fundamental review of the prevalent ways of understanding and experiencing sexual practices and identities. While the relaxing of moral and legal controls over sexual activity is commonly taken to have been the defining feature of the sexual revolution, feminist and gay critiques of the normative status of heterosexuality have triggered transformations of sexual meanings that are no less radical. Mainstream public discussion of sex, however, remained at first firmly wedded to the idea that sexuality meant – necessarily and only – heterosexuality. Typical popular works of the time such as *The Joy of Sex*, which its author had described as 'an unanxious account of the full range of human sexuality', did not cover homosexuality or lesbianism, for example. The similarly popular 1969 sex manual *Everything You Ever Wanted to Know About Sex But Was Afraid to Ask* replied to the question of 'what do female homosexuals do with each other?' as follows:

> Like their male counterparts, lesbians are handicapped by having only half the pieces in the anatomical jigsaw puzzle. Just as one penis plus one penis equals nothing, one vagina plus another vagina still equals zero.

And yet, the social and political changes of the time created a context that facilitated the greater public affirmation of 'peripheral' sexualities, to use Michel Foucault's term, most dramatically illustrated by the proliferation of lesbian and gay communities. Though pockets of same-sex subcultures, for example in the form of meeting places, can be identified earlier in modernity, particularly in large urban centres, the development of gay and lesbian cultural spaces and political organizations from the late 1960s onwards was unprecedented in human history.

The founding moment of the modern gay liberationist movement is commonly taken to be the spontaneous rebellion against a routine police raid at the Stonewall gay bar in New York in 1969, though many precursors existed, starting with the organizations defending the rights of sexual minorities that emerged in Germany towards the end of the 19th century around the exact same time the modern label 'homosexual' was invented. Stonewall was followed by the founding in 1969 of the National Gay Liberation organization in the US, the short-lived Gay Liberation Front in the UK in 1970, and many similar organizations in other countries. While some gay rights organizations, such as Lambda in the US, focused on reforming discriminatory policies from within existing political structures through litigation or lobbying strategies, others, such as the anti-hierarchical ACT UP, have pursued more unconventional and confrontational tactics towards the 'breeders' (heterosexuals). The unique problems posed by the appearance of Aids further galvanized political mobilization,

10. Gay liberation in New York, 1970

in particular of gay men. The sexual transmission of Aids, and the fact that it initially devastated large and already vocal gay communities in urban settings such as San Francisco and New York, helped to further unite gay men, strengthening collective identification with communities of choice both nationally and internationally. Many Western countries have subsequently passed a raft of gay rights legislation in crucial policy domains such as the military, employment, and civic partnerships, especially since the 1990s.

As part of their repertoire of political strategies, homosexuals have re-appropriated the labels that had been applied to them in the past, transforming their social meanings in the process. Terms such as 'fag', 'dyke', or 'queer', for example, initially used pejoratively, have been effectively co-opted by groups such as ACT UP and the New York organization Queer Nation, who adopted the defiant slogan 'we're queer, we're here' as an identity label around which gay pride and collective mobilization have been organized. In this vein, the use of 'gay' as a self-description, which spread from the American context in the 1950s and 1960s, marked the politicization of homosexual identity (leading to new identity divisions, as in 'he might be homosexual, but he's not gay'). More generally, many of the categories that 19th-century sexual science had so meticulously delineated, including transsexuals, transvestites, sadomasochists, paedophiles, and fetishists, have provided platforms for public self-affirmation and demands for recognition.

The increasing recognition of sexual diversity within politics, culture, the media, and the consumer industry has, in turn, led to a decline of the idea of 'perversion'. The sexological account of sexual normalcy that constructed the concept of the 'pervert' during the 19th century has been undermined by the public flowering of sexual minorities. As the sociologist Jeffrey Weeks puts it:

11. The Gay Liberation Front in London, 1971

> There no longer appears to be a great continent of normality surrounded by small islands of disorder. Instead we can now witness clusters of islands, great and small ... New categories and erotic minorities have emerged. Older ones have experienced a process of subdivision as specialised tastes, specific aptitudes and needs become the basis for proliferating sexual identities.

The multiplication of identity labels has created difficulties, however, for coalition politics around sexuality, forming a source of possible tensions between respective political agendas. For instance, while the interests of gay men and lesbians often converge around issues such as parenting and adoption rights, lesbians have questioned why they should focus activism on Aids and sodomy laws (still in force in around 70 countries, but usually enforced against male-to-male sex only) when such issues have little impact on them. Lesbians perceive greater overlap with the political agenda of heterosexual feminists rather than gay men around health and reproductive policies, child care, or discrimination against women in the workplace. Moreover, some issues, such as the fight for improvement of breast cancer treatments, have been identified as affecting lesbian women particularly, since breast cancer disproportionately affects women who have not had children, which is the case for many (though by no means all) lesbians. Whereas many lesbian activists have strongly supported feminist campaigns for abortion rights, male gay organizations have generally refused to become involved with this topic on the grounds that 'it is not a gay issue'.

Furthermore, feminists, gay men, and lesbians have disagreed – both within and across these groups – over the respective merits of practices such as sadomasochism and pornography, while transsexuals and transvestites have been the object of feminist critique for perceived reinforcing of gender stereotypes. Feminists have also clashed with male gay activists over the promotion of 'gay marriage'. As the sociologist Stevi Jackson has pointed out, in the eyes of many feminists, the fight for gay marriage was about extending the male privilege anchored in the patriarchal institution of marriage to gay men and women, while leaving the gender hierarchy upon which the institution itself was founded – and which had led some feminists to call for the abolition of marriage in the past – unquestioned. Against this backdrop, some feminists, including lesbians, asserted that gay liberation had become a movement for male gay liberation. Thus political divisions between gay men and lesbians in the gay rights movement emerged in similar fashion to those, discussed in the previous chapter, between heterosexual and lesbian feminists.

Other sexual minorities created separate organizations. For example, and perhaps most controversially, paedophile interest groups emerged from the 1970s in numerous countries, including the Netherlands, the US, and the UK. Paedophile activism was particularly prominent in the Netherlands, where the respectable Dutch Sexual Reform Organization (NVSH) supported the publication in 1972 of the book *Sex met kinderen* ('Sex with Children'), which outlined international research on 'inter-generational sex', and which was widely drawn upon in paedophile political activism across Western Europe. In 1979, a petition to the Dutch Parliament calling for the legalization of consensual sexual relationships between children and adults was supported by the NVSH, feminist organizations, and the COC, the oldest still-existing gay rights organization in the world (founded in 1946). Around the same time, the Protestant Foundation for Sex Education (PSVG) distributed tens of thousands of copies of an information booklet with the title *Paedophilia* to Dutch elementary schools (1979–81).

In contrast to the World Health Organization's characterization of paedophilia as a sexual and mental disorder, paedophile activists argued for greater legitimacy, declassification of paedophilia as mental illness, children's sexual rights, and the decriminalization of (consensual) inter-generational sex. In France, various public petitions of the late 1970s called on Parliament to abolish age of consent laws; in particular, a 1977 petition calling for the decriminalization of all consenting relations between adults and minors was signed by prominent public intellectuals including Jean-Paul Sartre, Simone de Beauvoir, Michel Foucault, Jacques Derrida, Roland Barthes, and France's most prominent child psychoanalyst Françoise Dolto. Paedophile advocacy groups thus operated in a context in which cultural ideas about children's sexuality were being redefined more generally, and in which the age of sexual maturity had dropped significantly, probably due to better health and nutrition. For example, by the 1960s to 1970s, girls reached puberty on average around the age of 13 in Western countries, as well as among prosperous groups in many non-Western countries, compared to 16 or 17 a century earlier; and boys reached physical sexual maturity around 17, compared to 23 in the mid-19th century; a trend that has continued since.

Groups such as the Paedophile Information Exchange (PIE) in the UK (created in 1974); North American Man Boy Love Association

(NAMBLA) in the US (created in 1978); the Danish Paedophile Association (DPA) (set up in 1985); and International Paedophile and Child Emancipation (IPCE) (founded in the early 1990s), drew on Freudian theories and on sexological research, including the Kinsey Reports, to argue that children are sexual beings, and on ancient Greek models of sex to argue for the 'educational benefits' of such relationships.

While always a controversial issue among the wider population, public attitudes towards adult–child sexual relationships have hardened significantly since the 1980s, though important cultural variations remain. In Western Europe, paedophile political lobbies have mostly withered away in the face of increasing public outrage at sexual abuse of children, and although in the Netherlands a 'Love Thy Neighbour, Freedom and Diversity' Party was founded in 2006 whose aims included seeking to decriminalize sexual activities at any age unless they are dangerous or coerced (it also supported the criminalization of sexual maltreatment of animals, currently not punishable in Dutch law), it was unable to raise the required number of public signatures from Dutch citizens to participate in actual elections. In the US, Canada, and the UK, increasing police surveillance and criminalization of their members have led many – though not all – of the most prominent groups to disband or to transform into less visible Internet-based communities.

Political alliances initially existed between paedophile groups and some gay rights organizations, for example around issues such as the age of consent (the minimum legal age at which individuals are considered to be capable of giving informed consent to sexual relations). The legal age of consent is currently set around 17 or 18 in many countries, with limits of 12 in the Philippines, 13 in Spain and Japan, and 14 in Germany and Italy at the lower end of the scale. Sex outside of marriage is illegal at any age in countries such as Saudi Arabia, Pakistan, and Iran. Age of consent legislation constituted a major issue of gay rights mobilization over the past few decades, since in many countries the age of consent for sexual relations between men was set higher than that for heterosexual relations or same-sex relations between women (which were less commonly criminalized), though many countries have equalized the age of consent in recent years. In contrast, around 70 countries currently criminalize homosexuality (and, in the case of Zimbabwe, same-sex hand-holding as well) altogether.

Gay rights organizations' alliances with paedophile activism around the age of consent issue, or more generally on the grounds of solidarity with other sexual minorities, have melted away since the early 1980s. In large part this was the result of campaigns from the Christian Right such as the US conservative activist Anita Bryant's self-proclaimed 'crusade' against 'the threat of homosexual recruitment of our children', entitled *Save Our Children*, which portrayed all gays – and gay men in particular – as potential child molesters and triggered the start of organized opposition to gay rights organizations in the US from the late 1970s. While the Dutch gay rights organization COC had declared in the early 1970s that gay liberation would never be complete without the sexual liberation of children and paedophiles, by the mid-1990s the great majority of gay rights organizations had distanced themselves explicitly from paedophile advocacy and condemned the campaigns for the removal of legal protections against sex between adults and children as sexual abuse, as illustrated in the statement about NAMBLA from a representative of the Human Rights Campaign, the largest US lesbian and gay lobbying group: 'they are not part of our community and we thoroughly reject their efforts to insinuate that paedophilia is an issue related to gay and lesbian civil rights'.

In other policy areas away from paedophilia, strategic alliances were successfully formed. Attempts at greater inclusiveness and coalition politics between different sexual minorities are symbolized by the currently prevalent umbrella label 'LGBT' (Lesbian, Gay, Bisexual, and Transgendered community). This already precarious wider grouping has come under attack, however, from black homosexual activists, who have argued that concerns over black homophobia have been privileged over addressing hidden racism within gay rights organizations. Despite the influence of the black civil rights movement in the US on gay political mobilization, the importance of cultural icons such as Bessie Smith and Audre Lorde, and the prominent role black homosexuals and transvestites played in the context of the Stonewall Rebellion and political responses to Aids, black gays and lesbians are, they feel, underrepresented among the leadership of gay rights organizations and their specific concerns are insufficiently included on gay political agendas.

Sexual separatism

Disagreements as to whether to focus efforts through 'single-issue' organizations or to pursue much broader aims have also given rise to separatist strategies. Indeed, this has been a recurring theme since the early days of homosexual activism. The very first movements for the rights of sexual minorities which arose in Germany around the turn of the 20th century were already split around this question, with the Scientific-Humanitarian Committee (1897), led by the sexologist Magnus Hirschfeld and based upon a 'third-sex' model of homosexuality, tending towards a gay-separatist model of alliances between gay men and lesbian women, while the *Gemeinschaft der Eigenen* ('Community of Self-Owners'), co-founded in 1902 by the anarchist Adolf Brand, the sexologist Benedict Friedlaender, and the youth movement activist Wilhelm Jansen, promoted a gender-separatist model of alliances between gay and heterosexual men. The Daughters of Bilitis, generally recognized as the first organization for lesbian rights, founded in San Francisco in 1955, broke apart in the 1970s over internal disagreements regarding the prioritizing of commitment to women's rights over specifically lesbian interests. Furthermore, the American National Organization of Women (NOW) called for the expulsion of the 'lavender menace' from its ranks, fearing that vocal lesbian presence would increase media hostility towards the movement.

Some strands of lesbian separatism of the 1970s and 1980s radicalized such controversies in seeking not only organizational, but also geographical, independence. Most prominently, Jill Johnson's 1973 work *Lesbian Nation: The Feminist Solution* argued for 'tribal groupings' of 'the fugitive Lesbian Nation', calling for separate lesbian social and cultural spaces which could act as a power base within the wider women's movement. Dutch radical-feminist groups dreamt in the early 1970s of establishing an independent lesbian community on a 'women's island', a utopian idea that was echoed when Australian activists declared the small islands of Cato to be the new micro-nation Gay and Lesbian Kingdom of the Coral Sea in 2004, issuing its first postal stamps in 2006. Territorial separation of either lesbian-only or women-only groups was achieved – if only temporarily – with the founding of women-only spaces and festivals with names such as 'herland', 'wimminsland', and 'Womyn's Festival' in the US, Canada, and Australia, satirized in Armistead Maupin's *Tales of the City* novels. Territorialized strategies were revived by the US radical feminist Dworkin's call, in 2000, for a separate homeland for women. Male gay authors such as William S. Burroughs have similarly called for a gay nation state, and organizations such as the German-based Gay Homeland Foundation, created in 2005, aim to persuade 'the government of a large and thinly-populated nation' to sell a stretch of 'uninhabited land' where an independent state would be established for lesbian, gay, bisexual, transsexual, and transgendered citizens.

Virtual versions of separatism around gender or sexual identity are incarnated in the recent writings of the British 'Miss Martindale', the self-proclaimed public face of 'the feminine empire Aristasia' where men do not exist and the two sexes are 'blonde' and 'brunette'. Semi-religious versions of separatism emerged from the 1980s in the shape of spiritual organizations across the world such as the Re-formed Congregation of the Goddess International, and Dianic Paganism, some types of which have been associated with lesbian separatism. The latter, following Zsusanna Budapest's 1975 'ovarian book' *The Holy Book of Women's Mysteries*, regroups 'neo-pagan feminist goddess-worshippers' in Wiccan groups or in non-Wiccan covens which draw heavily on biological models of femininity to celebrate female reproductive powers, women's bodies more generally, 'womanism', and 'the divine feminine'.

The territorialization of sexual and gender politics involved different activist strategies for radical groups such as Queer Nation, which emerged in New York in 1990 and produced the deeply controversial slogan 'I Hate Straights'. Queer Nation epitomizes newer approaches to the politics of sexuality in no longer demanding the right to sexual freedom in the privacy of the home, or in literally separate 'homelands', but instead calling for the de-heterosexualization of the public sphere through actions such as 'queer nights out' in straight clubs by groups like the Lesbian Avengers. Being queer is, they argue, not about the right to privacy, but about the freedom to be public. Whereas separatist political lesbianism promoted 'fugitive' exit from the heterosexual colonizer, the new cultural (rather than ethnic) nationalism of queer nationalism calls for the gay re-colonization of public spaces by eradicating heterosexist homophobia.

In theoretical terms, queer theory, as associated with authors such as Judith Butler, Eve Sedgwick, Teresa de Lauretis, Michael Warner, and Steven Seidman, and developed from the early 1990s onwards, has built upon earlier radical feminist theorization and critique of normative heterosexuality by Adrienne Rich, Monique Wittig, and others. Queer theory emphasizes the socially constructed nature of gay and lesbian categories, echoing the earlier writings of Michel Foucault, symbolic interactionist sociologists such as Gagnon and Simon, Ken Plummer and Jeffrey Weeks, and theorists of political lesbianism. Though the term ‘queer’ encapsulates a plurality of meanings, it primarily refers to the rejection of binary categorizations such as man/woman and gay/straight. Instead, the multiplicity and instability of identity labels in general is emphasized. As the sociologist Diane Richardson puts it:

> We are, it is suggested, post such identities: post woman, post man we are transgender; post lesbian, post gay, post heterosexual (perhaps?) we are queer.

Culturally, queer theory involves an emphasis on ‘permanent rebellion’ and subversion of dominant social meanings and identities. For some authors, this includes a vehement rejection of the spectacular development of gay consumer culture since the 1980s, including gay travel agencies, bars, bathhouses, legal services, therapists, and fashion outlets, as expressed in the slogan ‘we’re here, we’re queer, and we’re NOT going shopping’. Instead of promoting assimilation into mainstream society, queer theory aims radically to transform the social order by destabilizing not only the taken-for-grantedness of heterosexual norms, but also stable, biologized understandings of gay and lesbian identity as well as gender. Gender and sexual identities are, it is argued, fluid and unstable, as queer author Kate Bornstein illustrates when describing herself in the following terms:

> In a nutshell, I used to be a het guy who did the gender-change thing and became a grrl, a lesbian grrl at that. Then, after my female lover became a guy, I stopped calling myself a lesbian. Being a lesbian had become too complicated. Calling myself a lesbian managed to offend just about everyone, so I began to call myself a dyke.

The US sexologist Carol Queen and novelist Lawrence Schimel coined the term ‘PoMosexuals’ in 1997 to describe ‘POst-MOdern’ individuals such as Kate Bornstein, who graphically illustrate the fluid nature of both gender and sexual identity. In their words:

> We pomosexuals are the queer's queers, the ones who will not stay in the boxes marked 'gay' and 'lesbian' without causing a fuss – just as we all burst out of the boxes the straight world tried to grow us in.

Pomosexuals, the 'bastard children' of the gay and lesbian movement, as the American self-identified 'troublemaker' and 'S/M writer of gay male pornography for women' Pat Califia puts it, break the intricate links between gender and sexuality involved in the labels gay, lesbian, and heterosexual.

Politically, queer activism – numerically a very small movement – involves an emphasis on inclusiveness and solidarities around diversity. Queer politics has also, however, involved calls for a renewing of alliances between lesbians and gay men on the grounds of the prioritization of common identities as 'queers' over that as women. Some versions of queer political theory criticize gay and lesbian organizations for implicitly assuming homosexual identity as unified and stable. Similarly, radical feminism has been attacked for naturalizing the category of 'woman' (as well as for its presumed 'moralistic' stance). In contrast, in a queer future, sexual labels such as gay, lesbian, as well as heterosexual, would be subsumed in the overarching fluid identity of queer, as is argued by queer theorists, who often prefer to speak of LGBT&F (Lesbian, Gay, Bisexual, Transgendered, *and Friends*). The current reality is, however, different, as the writer D. Travers Scott put it:

> Queer almost immediately came to mean 'saucy fags and dykes', not the radically-sexualised boundary-breaking coalition it was first advertised to be, or we'd have a hell of a lot more heterosexual 'queers' in our parades.

Moreover, the privileging of solidarities across different identity labels has led to criticisms of a 'false unity' which glosses over specific discriminations around gender and race. Judith Butler, seen as one of the most prominent queer theorists, has raised such questions in her own writings, while also warning against the idea that feminism and queer theory are somehow incompatible.

Queer theory echoed earlier criticism of sexual liberation, including gay liberation, politics (or the sexual liberation promoted by Reich and Marcuse) by Michel Foucault, who famously rejected the implicit assumption of liberationism that there was such a thing as a natural, biological sexuality that could be 'liberated'. As Foucault and other social constructionists emphasize, sexuality should instead be viewed as a social experience that is shaped by its social and political context. However, while political mobilization based upon tactics such as 'coming out' and 'outing' (declaring public figures to be gay) have, on the one hand, solidified the categories of gay and lesbian, the emphasis on sexual identity as 'choice' and political practice (though not shared by all gay activists) also denaturalizes sexual identity. Moreover, the wider categories of gay and lesbian have been the object of greater fragmentation since the time of Foucault's writings, as reflected in commercial and activist subcultures which cater for leather dykes, S/M gays, butch/fem lesbians, denim queens, lipstick lesbians, bisexuals, pan- or omnisexuals, gay Republicans, anarcho-lesbian-feminists, gay veterans, gay Mormons, British gay skinheads, or Daddies (older gay men with a sexual interest in young, adult men). Both the denaturalization and the fragmentation of wider identity labels and related political interests serve to create new opportunities for sexual politics, as well as new difficulties for coalition politics and new exclusions.

Conservative sexual politics

Radically social models of sex as promoted by queer theorists and embodied by pomosexuals have competed with a major revival of both religious and biological models of sexuality over the past two decades. The Catholic Church, for example, still officially defines homosexuality as a 'moral evil'. The rise of Christian and other religious fundamentalisms throughout the West from the 1980s has reinvigorated traditional moral condemnations of sexual deviancy. In the political arena, the activism of the Christian Right has generally been the source of the most vehement opposition to gay rights campaigns, especially in America. As a social movement, the Christian Right draws primarily from Evangelical Protestant groups which aim to defend and restore 'traditional values' against the 'moral decay' of the rise in sexual permissiveness, and perceived threats to the patriarchal, heterosexual family resulting from feminism and gay rights campaigns.

Political strategies differ within the movement, however. Mass movements such as the Promise Keepers, an American Christian men's movement, focus on a commitment to 'spiritual, moral ethical, and sexual purity' (promise 3) and to 'building strong marriages and families through love, protection and biblical values' (promise 4), but prioritize a focus on masculinity rather than on sexual orientation – which is indirectly present in their primary aim of restoring the traditional gender role of men within the heterosexual family. In contrast, American organizations such as the Traditional Values Coalition tend to see gays not only as immoral, but also as out to undermine society and 'recruit' the young, and they consequently specialize in the fight against gay rights. The notorious Westboro Baptist Church in Kansas welcomes various ills that befall America, including Aids, 9/11, and the death of US soldiers in Iraq, as well-deserved punishments from God for America's tolerance of homosexuality. On its website 'God Hates Fags' (opening words: 'welcome, depraved sons and daughters of Adam'), it argues that 'God Hates America' (as well as Sweden, Canada, Ireland, and Mexico) for its 'Godless sodomite culture'.

Many Western countries have Christian support groups for gay men and women that depict homosexuality as a misguided lifestyle choice, and undertake to 'help' those who wish to lead a 'proper' heterosexual lifestyle. Among the largest of these, EXODUS International, for example, promises 'freedom from homosexuality through the power of Jesus Christ', offering 'reparative therapy' to 'men and women who struggle with unwanted homosexual attractions' and who want to 'grow into heterosexuality', as well as annual international 'freedom conferences' (the 2007 conference was titled 'Revolution').

Although religious and conservative groups that reject sexual diversity in the name of 'family values' have largely monopolized moral models of sexuality, alternatives founded on respect for sexual pluralism are, of course, implicit in equal rights campaigns. Faced with recurring moral fundamentalisms and sexual conservatisms, authors such as Jeffrey Weeks and various queer theorists have attempted to elaborate alternative, 'progressive' value models for sexuality. Furthermore, liberal theologians from various religious affiliations have vocally supported gay rights claims, drawing on different versions of Christian ethics, while neo-conservative redefinitions of sexual identity promote equality from a political standpoint which is both conservative and libertarian in contrast to the Left-activist position that forms the basis for queer politics. This type of counter-queer gay politics is personified by Andrew Sullivan, the British author of *The Conservative Soul: How We Lost It, How to Get It Back* (2006) who lives in America, or by the Log Cabin Republicans (the gay wing of the Republican Party); while on the cultural plain, the 'Bears' movement, which celebrates conventionally masculine-looking gay or bisexual men with hairy bodies and facial hair, and rejects what it perceives as 'effeminate' styles and mannerisms, has been gathering steam in recent years.

Biological models of sexuality have been reinvigorated by the recent expansion of evolutionary and genetic science, as exemplified in the ambitious Human Genome Project which has undertaken to map the entire sequence of human DNA.

Developments in genetic research have repopularized biological and hereditary understandings of sexual practices and identities. For example, beliefs that homosexuality could be explained by a 'gay gene' were triggered by a study by Hamer and others on fruit flies, published in *Science* in 1993, which claimed a link between genetic make-up and sexual orientation – a finding that has since been heavily contested. Various 1990s studies have attempted to identify specific biological characteristics such as more frequent left-handedness in gays, while other studies continue to argue that homosexuality is caused by a disorder in sex hormones. Institutions such as the American Department of Defense continue to define homosexuality in biological, medicalized terms, as a mental disorder. Finally, the pharmaceutic development of potency products such as Viagra further involves the profound medicalization of sexuality.

Biological models of sexuality have been adopted to legitimize opposing positions within the politics of sexuality. For example, on the one hand, the claimed discovery of a 'gay gene' has led to calls for genetic 'correction' of sexual deviancy. On the other hand, a representative of Lambda welcomed the 'discovery' of the gay gene in *Time Magazine* in 1993 on the grounds that such a finding meant that homosexuals 'can't help the way they are' and should therefore not be discriminated against. Just like religious models, biological understandings of sexuality have served both to pathologize sexual deviancy and to sustain equal rights claims.

Recent developments in the area of genetics have also revived collective preoccupations with heredity, reproductive control, and the future of welfare systems, and returned such issues to the political agenda. New practices such as genetic counselling during pregnancies have led to misgivings based upon past eugenic experiences for some, and triggered new hopes for improvement of the collective genetic stock of the nation for others. For example, the genetic scientist Herman Muller set up a 'sperm bank' in the US which operated until 1999 and was intended to raise the genetic 'quality' of America by providing sperm from Nobel prize laureates, an aim that failed miserably due both to the reluctance of the intended donors to get involved and the low quality of the sperm of those few (elderly) scientists who did.

More generally, concerns with higher levels of reproduction from what are regarded as 'undesirable' categories of citizens, such as Muslim immigrants, were publicly articulated by politicians in countries such as France in the 1990s, echoing older Western worries about fertility levels in non-Western countries such as India and China. Female reproductive sexuality continues to constitute a particular policy concern of the state. For example, in America in the early 1970s, an estimated 100,000 to 150,000 women on low incomes were sterilized annually under federally funded programmes, frequently under the threat of withdrawal of welfare benefits. Following action from the US Committee to End Sterilization Abuse, a federal judge put an end to the legality of such practices in a 1974 ruling, but it is generally recognized that this failed to put a halt to coerced sterilization. By the early 1980s, an estimated 24% of African-American women, 35% of Puerto-Rican women, and 42% of American-Indian women (compared to 15% of white women) had been sterilized, many of them without their consent or full understanding of the consequences. Current organizations such as Project Prevention/CRACK ('Children Requiring A Caring Kommunity') offer cash incentives to male and female drug addicts who accept sterilization or vasectomy, and Republican politicians have triggered accusations of 'neo-eugenics' by calling for forced sterilization of 'disorderly' categories of the population, including crack-addicted mothers and other welfare recipients, since the 1990s.

In European countries, recent cultural battles around immigration have centred on controversies around sexual ethics. Muslim immigrants, in particular, are accused of rejecting both Western sexual liberation and women's liberation, and of lack of tolerance

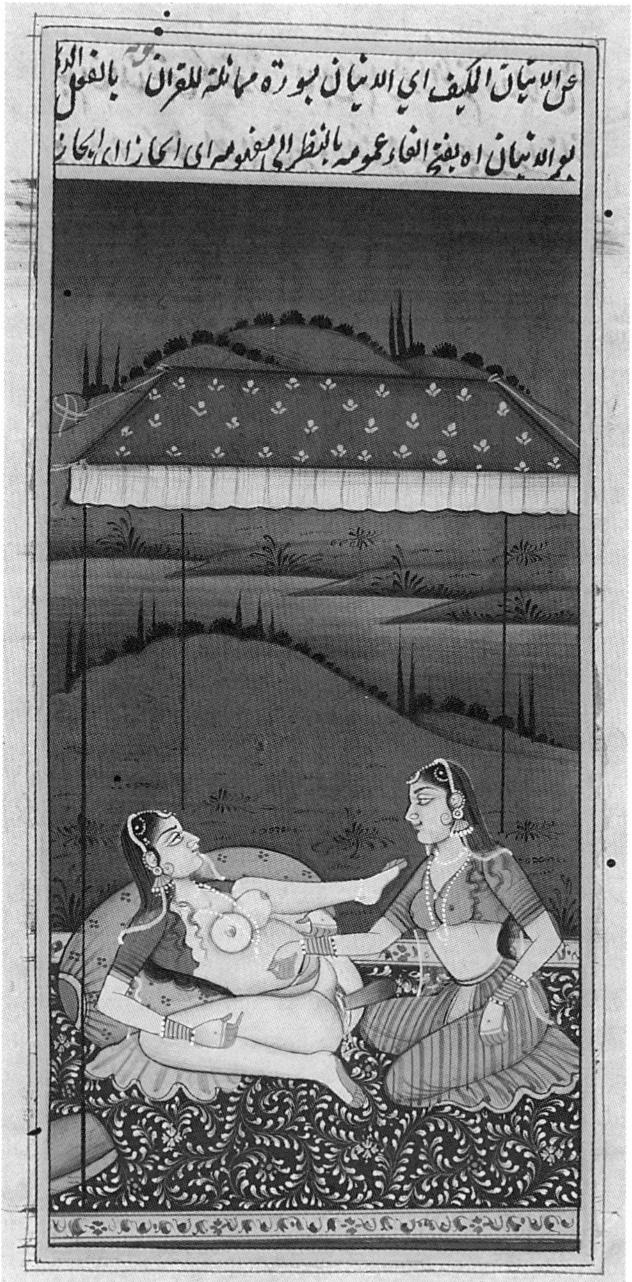

12. A woman caresses another woman, who uses a root vegetable as a dildo, 19th century, India

towards sexual diversity. The portrayal of cultural 'outsiders' as more sexually repressed than the native population is an interesting reversal of earlier historical depictions of non-Western sexuality. Indeed, 'Oriental' cultures have traditionally been the repository of Western sexual fantasy. Exotic representations of 'the Orient' which conjured up images of Eastern unlimited sensuality and guilt-free licentiousness have been a persistent theme among Western intellectuals, including the 18th-century French political theorist Montesquieu in his *Persian Letters* (1721), 19th-century French novelist Gustave Flaubert, or the 19th-century British explorer Sir Richard Burton (translator of *Arabian Nights* and the *Kama Sutra*). In a similar vein, early Western anthropologists such as Margaret Mead in *Coming of Age in Samoa: A Psychological Study of Primitive Youth for Western Civilization* (1928), or Bronislaw Malinowski in *The Sexual Life of Savages* (1929), have routinely portrayed non-white races as closer to nature and therefore much freer sexually, in contrast to the more civilized, and therefore sexually more restrained, West. Cultural stereotypes of black men as sexually potent and better-endowed than white men further reflect the projection of Western sexual as well as racial fantasies and anxieties.

Sexuality and power

Recent controversies around sexuality thus further illustrate the intricate links between sexuality and the social relations of power flowing from gender, social class, and 'race' that have, historically, shaped it. As Michel Foucault put it, sexuality constitutes

> an especially dense transfer point for relations of power: between men and women, young people and old people, parents and offspring, teachers and students, priests and laity, an administration and a population.

Contrary to the sexual liberation paradigm, sexuality cannot, in this view, simply be pitted against power. As we have seen,

Freudian Marxists such as Marcuse, Reich, or Fromm argued in the 1960s that sex is a positive force which is repressed by modern civilization and capitalism, and that sexual liberation will transform the social order. Such hopes that the sexual revolution would not only liberate sexuality but also subvert wider repressive structures of power have faded since.

But the connections between sexuality and power are all the more important because our relation to ourselves as sexual beings constitutes such a central component of modern identity, as Foucault emphasized. A similar point is made by the British sociologist Anthony Giddens, who argues: 'Somehow ... sexuality functions as a malleable feature of self, a prime connecting point between body, self-identity, and social norms.' The two authors disagree, however, on the political implications of the centrality of sexuality to modern self-identity. Whereas for Foucault, sexuality is a prime target of modern relations of power and fundamental to processes of societal disciplinarization of 'disorderly' populations, Giddens identifies the spread of the 'pure' relationship over the past few decades as a positive phenomenon; by 'pure' relationships, he means to denote a type of relationship which, in a social context where women's economic dependency towards men has lessened and exit options such as divorce have become accessible on demand, exists for its own sake. Though more fragile than traditional marriage, which was propped up more firmly by wider social institutions, the pure relationship involves transformations of intimacy that contribute towards a democratization of the private as well as the public sphere. Concentrating on heterosexual relationships, Giddens, as well as the German sociologists Beck and Beck-Gernsheim, see women as the vanguard of more equal understandings of sexuality and intimacy. In their view, transformations of male sexuality are largely a result of women's struggles to change their lives. As Beck and Beck-Gernsheim put it: 'men's liberation is a passive affair'. Men, they add, 'seem to engage in self-liberation as spectators'.

Certainly, relations of power between men and women have shifted dramatically over the past few decades, as have normative models of femininity and masculinity. Whereas male sexuality has been theorized as inherently violent, alternative accounts have emphasized the passivity and vulnerability of male (hetero-)sexual experience, against the backdrop of a wider 'crisis of masculinity' to which groups such as the Promise Keepers provide a fundamentalist answer. Similarly, recent controversies over the potency drug Viagra could be read in different ways: the speed of its availability on the market could be seen as a sign of the triumph of male wishes or, alternatively, as further contributing to the myth (and psychological pressure) of unproblematic male sexual performance. In terms of intersections between gender and sexuality, analyses have currently come full circle, from the pathologization of female sexuality and taken-for-grantedness of male heterosexuality as the norm within sexual science and medicine, to greater problematization of male sexual experience, reminding us, in the words of the political theorist Terrell Carver, that 'gender is not a synonym for women'.

Since the late 1980s, sexuality has figured prominently on Western political agendas, covering national as well as international issues. Controversies around teenage pregnancy rates, prevention of sexually transmitted disease, regulation of prostitution, sexual exploitation of children, Internet porn, gays and lesbians in the military, gay 'marriage' and adoption, hate crimes, new reproductive technologies, and the 'private' morality of politicians are the topic of intense public debate, and older issues such as access to abortion are currently subjected to renewed contestation. Issues such as Aids, sex tourism, international trafficking of women, and Internet networks of paedophiles illustrate the global nature of politics of sexuality, as well as the resurgence of moral purity discourses and their political influence. Against the backdrop of the politics of sexuality, as well as wider social and technological developments, sexuality has undergone profound changes over the past few decades. Modern sexual science has

13. Pfizer/The Impotence Association magazine advertisement, featuring the football legend Pelé, which appeared in 2002

documented the impact of such changes on individual practices. Somewhat ironically, the primary agents in the transformation of sexual truths and relations of power are those that medicine and sexology had constructed as marginal in relation to hegemonic male heterosexuality, namely women and homosexuals of both sexes, as we have seen throughout this volume.

In the process, social understandings of sexuality have opened up to a plurality of meanings. Whereas liberation theorists saw sexual pleasure as crucial for the fulfilment of full human potential and happiness, competing understandings have portrayed sexuality as the site of risk, death, moral decay, commercial exploitation, male violence, political self-affirmation, and destabilization of identities.

Liquid sex

Modern individuals can in principle adopt sexual identities at will, but they do not do so in conditions of their own choosing. The social and political context of modernity sets the stage for sexual possibilities. For example, new communication technologies such as the Internet provide new sexual options, including the adoption of 'virtual' identities in cyberspace as well as greater access to potential partners. The modern world, as the sociologist Zygmunt Bauman argues in his book *Liquid Love*, is characterized by fluidity in social relations generally, encouraging a reluctance towards long-term commitments since a 'better product' might be just around the corner. The fragmentation of sexual subcultures is mirrored in the specialization of the commodities on offer. Gay men's dating websites such as Gaydar have become global phenomena, with users including men from countries such as Algeria, Afghanistan, Pakistan, or the Democratic Republic of Congo. More specialized dating agencies cater for 'heterosexual, gentile (non-Jewish), whites only', 'gay black females', or the 'unhappily married/attached', while the now defunct Safe Love International, which included prominent sexologists such as

Theresa Crenshaw on its advisory council, promised that its members were 'Aids-free'.

Citizens of the modern sexual world make sense of their personal identities and problems in new ways, as reflected in a recent dilemma submitted to the popular internationally syndicated Internet relationship and sex advice column 'Savage Love', run by American gay author of *Skipping Towards Gomorrah* (2002) Dan Savage:

> For the past 15 years, I've identified as bisexual: I've been in monogamous relationships with men and women. I married a wonderful guy a few years ago. However, I recently realised that I identify as gay. I've talked to my husband about this, and he's okay with it. I decided to stay with him and remain monogamous. We have a great relationship – and great sex. We left open the possibility of me taking a female lover in the future, if needed. For now, I'm happy with him. I flirt with girls, we talk openly about my preferences, but I haven't had sex with a woman since before I married him. And I'm okay with that. So, here's my dilemma: Is it right to call myself a lesbian if I'm married to (and sexually involved with) a man? I hesitate to stay with the 'bi' label, since I have no interest in other men. Can I call myself a lesbian even though I'm not sleeping with women?

Advice columns, agony aunts, therapists, support groups such as Sex Addicts Anonymous, self-help books, and sex manuals can be drawn upon to offer advice on relationship rules, sexual etiquette, and sexual mechanics in the liquid world of modern sex. Titles such as *Women Who Love Too Much*, *Relationship Rescue*, *How to Fall Out of Love*, or *If It Hurts, It Isn't Love* guide readers through the minefield of intimacy and emotions. Other works privilege a more practical angle, such as *Sexercise* ('will help you get fit while you're having fun!'), *This Book Will Get You Laid* ('the bonking bible no bloke should be without'), or American sexologist Dr Ruth's *Sex for Dummies*. Specific subgroups are catered for by works such as *The Adventurous Couple's Guide to Strap-On Sex*, *The Gay Joy of Sex*, *Sex: A Man's Guide*, *The New Love and Sex After 60*, *The Lesbian Sex Book*, or *Enabling Romance: A Guide to Love, Sex and Relationships for People with Disabilities (and for the People Who Care About Them)*.

Best-selling self-help books such as *The Rules: Time-Tested Secrets for Capturing the Heart of Mr. Right* (1995) reproduce traditional norms of female and male sexual behaviour and needs, based upon the claim that men and women are biologically different creatures. 'In a relationship, the man must take charge. He must propose. We are not making this up – biologically, he's the aggressor', as the *Rules*, such as 'don't talk to a man first (and don't ask him to dance)', formulate it.

Attempts to break away from dominant norms frequently involve the formulation of new normativities, however, as illustrated by Shere Hite's emphasis on the necessity for women to experience sexual pleasure:

> If you can't orgasm, you could also read books on sex therapy, feminist literature, and try to talk to friends about how they have orgasms. You could also try a local women's self-help group, perhaps a sex-therapist, or a lover who was sensitive enough to help. *Don't give up*. Many women *have* learned to orgasm after years of not knowing how, and it is never too late to discover what works for *you*.

The current transformations and politics of sexuality have started to problematize the hegemony as well as the forms of 'normality'. Feminist critiques of sexuality have encouraged wider understandings of sexuality, less centred on penetrative intercourse alone, while gay and lesbian communities of choice and attendant political activism have publicly demonstrated the profound transformations of both the sexual order and the gender order of the West in recent decades.

In their radical experiments with intersections between gender and sexuality, the 'queers' queers' are perhaps the sexual revolutionaries of our time. Just as self-castrating early Christians, anarchist free-lovers, 1960s swingers, Reichian sexual liberationists, and political lesbians came from the periphery of the continent of sex to invent new meanings and practices, so the pomosexual 'lesbian separatist who becomes a professional dominatrix, then falls in love with a male-to-female transsexual grrl, decides to go through with a sex change, becomes a guy, and realizes he's a gay man' questions our most basic assumptions about gender and sexual identity, and illustrates the possibilities for greater fluidity that the (post)modern world offers.

Does that mean that, in future, we will all think of ourselves as pomosexuals? Are we currently witnessing the final death throes of heterosexuality and homosexuality? As we have seen, current sexual 'truths' and identities are relatively recent historical constructs, produced by sexual science and medicine. The future of sex may well involve leaving behind the constraints of 19th-century 'sexuality'. Theorists of sexuality have thus called for collective 'un-sexualization'. At the same time, there is little in the current state of the politics of sexuality to lead us to conclude that an 'unsexual' future is anywhere near, given the renewed propping up of traditional understandings of sex by the fundamentalist backlash, as well as by scientific discourses. What is certain, however, is that alternative futures of sex based on moral pluralism cannot escape new normativities, new relations of power, and new state policies. No culture can have 'full' sexual freedom. As the sociologist Ken Plummer puts it:

> However neutral and objective talk about sexual diversity appears to be, it is also talk about power. Every culture has to establish – through both formal and informal political processes – the range and scope of the diversities that will be outlawed or banned.

As this volume has argued, sexual needs, values, and emotions are the products of specific historical contexts. Current practices may contribute to undermining concepts of 'sexuality', but, whatever changes scientific and technological developments will bring to our bodies and relationships, future meanings of sex will be shaped by society and politics.

References and further reading

Chapter 1

For an authoritative analysis of sex in the Greek literature of the first centuries AD: Simon Goldhill, *Foucault's Virginity: Ancient Erotic Fiction and the History of Sexuality* (Cambridge: Cambridge University Press, 1995). The title quote is from *Erotes* 36 and cited in Goldhill's book, p. ix.

For Plato's *Symposium*, the established Loeb edition, with English translation added, is recommended: Plato, *Volume III*, Loeb Classical Library (Harvard: Harvard University Press, 1925).

For Ovid's *Metamorphoses* (myth of Tiresias), *Ars Amatoria* and *Remedia Amoris*: *Ovid, Volumes III, IV, and II*, Loeb Classical Library (Harvard: Harvard University Press, revised edn 1979).

The quotation from Demosthenes is from *Oration* 59.122.

The quotes from Petronius's *Satyricon* (Loeb Classical Library, Harvard: Harvard University Press, revised edn 1969), and from Priscianus (2.11), are borrowed from Angus McLaren, *Impotence: A Cultural History* (Chicago: Chicago University Press, 2007), pp. 2 and 15.

For Michel Foucault's analyses of sex in antiquity: see his two volumes *The History of Sexuality, Volume II: The Use of Pleasure* (New York: Random House, 1985 [1984]) and *The History of Sexuality, Volume III: The Care of the Self* (New York: Random House, 1986 [1984]). David Halperin's writings offer influential accounts of sex in ancient Greece, in a broadly Foucauldian perspective: see, in particular, his *One Hundred Years of Homosexuality and Other Essays on Greek Love* (New York: Routledge, 1990); Halperin's quotation on citizenship is on p. 11 of this work. A similar perspective is developed in John J. Winkler, *The Constraints of Desire: The Anthropology of Sex and Gender in Ancient Greece* (New York: Routledge, 1990).

For contrasting analyses: John Boswell's controversial *Same-Sex Unions in Premodern Europe* (New York: Random House, 1994); and James Davidson, *Courtesans and Fishcakes: The Consuming Passions of Classical Athens* (London: Fontana Press, 1998), which discusses sex, food, and drink – his quote on 'managing all appetites' is from p. 313. On the links between food and sex, see also Peter Garnsey, *Food and Society in Classical Antiquity* (Cambridge: Cambridge University Press, 1999).

On female sexuality and the body in antiquity: Helen King, *Hippocrates's Woman: Reading the Female Body in Ancient Greece* (London: Routledge, 1998); and Sarah B. Pomeroy, *Goddesses, Whores, Wives and Slaves: Women in Classical Antiquity* (New York: Schocken Books, 1975); see also Rebecca Flemming, *Medicine and the Making of Roman Women: Gender, Nature, and Authority from Celsus to Galen* (Oxford: Oxford University Press, 2000) on ancient medicine.

On the term 'lesbiazein': James Clackson and Simon Goldhill, personal communication. See also Jeffrey Henderson, *The Maculate Muse: Obscene Language in Attic Comedy*, 2nd edn (Oxford: Oxford University Press, 1991), p. 183.

Seneca's quotation on morality and perversity is from *De Beneficiis*, 1.10. The comment to Lucilius is from Seneca, *Letter* 97.

Pliny's discussion of elephant love: Pliny, *Natural History* 8.5, Loeb Classical Library (Volume 3) (Harvard: Harvard University Press, 1942).

For a respected guide to early Christian views on sex: Peter Brown, *The Body and Society: Men, Women and Sexual Renunciation in Early Christianity* (New York: Columbia Press, 1988).

The examination for impotence is reported in Angus McLaren, *Impotence: A Cultural History* (Chicago: Chicago University Press, 2007), and originally quoted in Richard H. Helmholtz, *Marriage Litigation in Medieval England* (Cambridge: Cambridge University Press, 1974), p. 89.

On Origen and self-castration: Uta Ranke-Heinemann, *Eunuchs for Heaven: The Catholic Church and Sexuality*, tr. John Brownjohn (London: Deutsch, 1990).

For Augustine's views: *The Confessions of St. Augustine*, ed. James O'Donnell (Oxford: Clarendon Press, 1992) and his *Letters*, especially *On the Good of Marriage.*

On sex, gender, and the body: Thomas Laqueur, *Making Sex: Body and Gender from the Greeks to Freud* (Harvard: Harvard University Press, 1990).

On Florence's Office of the Night: Michael Rocke, *Forbidden Friendships: Homosexuality and Male Culture in Renaissance Florence* (Oxford: Oxford University Press, 1996).

Chapter 2

The title quote is from Richard von Krafft-Ebing, *Psychopathia Sexualis* (New York: Arcade Publishing, 1998 [1886]), pp. 263–4.

Foucault's views on sexuality: Michel Foucault, *The History of Sexuality, Volume I: An Introduction* (Harmondsworth: Penguin, 1990 [1976]). The quotation on 'the sodomite' is on p. 43; his quote on 'the confessing society' is on p. 59. See also Véronique Mottier, 'Sexuality and Sexology: Michel Foucault', pp. 113–23 in Terrell Carver and Véronique Mottier (eds), *Politics of Sexuality: Identity, Gender, Citizenship* (London: Routledge, 1998).

Excellent historical overviews: Stephen Garton, *Histories of Sexuality: Antiquity to Sexual Revolution* (London: Equinox, 2004). On the UK specifically, see Jeffrey Weeks, *Sex, Politics and Society: The Regulation of Sexuality since 1800*, 2nd edn (Harlow: Longman, 1998) – the quote on sexology as a continent of knowledge is on p. 142, the quote on 'sex reformers' is on p. 145; and Steven Marcus, *The Other Victorians: A Study of Sexuality and Pornography in Mid-Nineteenth-Century England* (New York: Basic Books, 1964).

Masturbation: Thomas Laqueur, *Solitary Sex: A Cultural History of Masturbation* (New York: Zone Books, 2003); Anonymous, *Onania; or, the Heinous Sin of Self Pollution, and all its Frightful Consequences, in both SEXES considered, with Spiritual and Physical Advice to those who have already injured themselves by this abominable Practice* (London, appr. 1712/1718); Samuel Tissot, *L'Onanisme; ou, Dissertation physique sur les maladies produites par la masturbation* (Paris, 1760).

The quotation on the volcanic element of sex is from Patrick Geddes and J. A. Thomson, *Sex* (London: Home Universal Library, 1914), p. 148.

On the coining of sexual categories: Jonathan Ned Katz, *The Invention of Heterosexuality* (Chicago: University of Chicago Press, 2007); Katz's quotation on 'sex history's grand ironies' is on p. 53. Joséphin Péladan, *Le vice supreme* (Lyon: Editions Palimpseste, 2006 [1884]). Also Volume I of Foucault's *History of Sexuality* and the *Oxford English Dictionary*.

For excerpts from many classic works in early sexology, see Lucy Bland and Laura Doan (eds), *Sexology Uncensored: The Documents of Sexual Science* (Cambridge: Polity Press, 1998).

The 'one-sex body': Thomas Laqueur, *Making Sex: Body and Gender from the Greeks to Freud* (Harvard: Harvard University Press, 1990). The quote from William Acton is cited in this work, p. 190.

On 19th-century clitoridectomy: Helen King, *Hippocrates's Woman: Reading the Female Body in Ancient Greece* (London: Routledge, 1998), p. 14.

Famous early erotic novels: John Cleland, *Fanny Hill: or Memoirs of a Woman of Pleasure* (London: Wordsworth Editions, 2000 [1748–9]); 'Walter' (Anonymous), *My Secret Life* (London: Wordsworth Editions, 1995 [1888–94]).

Quotes from Forel are from: Auguste Forel, *The Sexual Question* (London: Heinemann, 1908 [1906]).

'Coital orgasmic inadequacy': William Masters and Virginia Johnson, *Human Sexual Inadequacy* (Boston, Mass.: Little Brown, 1970).

German 19th-century movements for the rights of homosexuals: Eve Kosofsky Sedgwick, *Epistemology of the Closet* (Berkeley: University of California Press, 1990), pp. 88 and 134.

Sexual liberation theorists: Wilhelm Reich, *The Sexual Revolution: Toward a Self-Governing Character Structure*, 4th edn (New York: Farrar, Straus and Giroux, 1969 [1930]). His quotes on sexuality as 'the life energy *per se*', 'authoritarian social order', and 'orgasm anxiety' are from this book, pp. xxv, xxix, and 448. Reich's quotations on 'neurotic patients', 'sex-economist' and 'orgastic potency' are from his 1948 text 'The Orgasm Theory', pp. 37, 42, and 43 in *Selected Writings: An Introduction to Orgonomy* (New York: Farrar, Straus and Giroux, 1960). Herbert Marcuse, *Eros and Civilisation:*

A Philosophical Inquiry into Freud (London: Routledge, 1956); Erich Fromm, *The Art of Loving* (London: Continuum, 2000 [1956]).

Sex surveys: Vern L. Bullough, *Science in the Bedroom: The History of Sex Research* (New York: Basic Books, 1994); Liz Stanley, *Sex Surveyed 1949–1994* (London: Taylor & Francis, 1995).

The Kinsey Reports: Alfred C. Kinsey et al., *Sexual Behaviour in the Human Male* (Philadelphia: Saunders, 1949); *Sexual Behaviour in the Human Female* (Philadelphia: Saunders, 1953).

Masters and Johnson: William Masters and Virginia Johnson, *Human Sexual Response* (New York: Bantam Books, 1966); *Human Sexual Inadequacy* (Boston, Mass.: Little Brown, 1970).

Freud: Sigmund Freud, *Civilisation and Its Discontents*, tr. James Strachey (New York: Norton, 1989 [1915]); *Three Essays on the Theory of Sexuality* (New York: Basic Books, 2000 [1905]). See also Juliet Mitchell, *Psychoanalysis and Feminism: Freud, Reich, Laing, and Women* (New York: Pantheon Books, 1974); Mitchell's quote 'in childhood all is diverse or perverse' is on p. 19.

Recent examples of evolutionary perspectives on sexuality: Randy Thornhill and Craig Palmer, *A Natural History of Rape: Biological Bases of Sexual Coercion* (Cambridge, Mass.: MIT Press, 2000); Michael P. Ghiglieri, *The Dark Side of Man: Tracing the Origins of Male Violence* (New York: Perseus, 1999); Helen Fischer, *Anatomy of Love: A Natural History of Mating, Marriage, and Why We Stray* (New York: Random House, 1992).

Key works developing social models of sexuality – in sociology: John H. Gagnon and W. Simon, *Sexual Conduct: The Social Sources of Human Sexuality* (Chicago: Aldine, 1973); Ken Plummer, *Sexual Stigma: An Interactionist Account* (London: Routledge & Kegan Paul, 1975); Jeffrey Weeks, *Sexuality and Its Discontents: Meanings,*

Myths and Modern Sexualities (London: Routledge & Kegan Paul, 1985); Weeks's quote on 'the speaking perverts' is on p. 21; – in literary criticism: Stephen Heath, *The Sexual Fix* (Houndmills: MacMillan, 1982); – in classics: David Halperin, *One Hundred Years of Homosexuality and Other Essays on Greek Love* (New York: Routledge, 1990).

Chapter 3

The title quote is from Jill Johnson, *Lesbian Nation* (New York: Simon and Schuster, 1973), pp. 166–7.

Syphilis/venereal disease: Tamsin Wilton, *EnGendering AIDS: Deconstructing Sex, Text and Epidemic* (London: Sage, 1997); the quote from Shakespeare's *King Lear*, Act IV. v 126, is cited on p. 59, the slogan 'VD worst of the three' on p. 62. Derek Llewellyn-Jones, *Herpes, AIDS and Other Sexually Transmitted Diseases* (London: Faber and Faber, 1985); the quote on 'the Spanish disease' is on p. 136. Magnus Hirschfeld, *The Sexual History of the World War* (Honolulu: University Press of the Pacific, 2006 [1941]).

Policies and feminist activism around prostitution: Lucy Bland, *Banishing the Beast: English Feminism and Sexual Morality 1885–1914* (London: Penguin, 1995); William Acton's outburst on female insubordination is cited on p. 55, the 'Women Against Sex' quotation is on p. 313. Philippa Levine, *Prostitution, Race and Politics: Policing Venereal Disease in the British Empire* (New York: Routledge, 2003). Joyce Outshoorn (ed.), *The Politics of Prostitution: Women's Movements, Democratic States and the Globalisation of Sex Commerce* (Cambridge: Cambridge University Press, 2004) discusses current prostitution policies across the world.

Kollontai's views: Alexandra Kollontai, 'Communism and the Family', first published in *Kommunistka*, no. 2 (1920); 'Theses on Communist Morality in the Sphere of Marital Relations', first published in *Kommunistka*, no. 12 (1921).

Giddens's quote on a revolution in 'female sexual autonomy' is from Anthony Giddens, *The Transformation of Intimacy: Sexuality, Love and Eroticism in Modern Societies* (Cambridge: Polity Press, 1992), p. 29.

Masturbation: Betty Dodson, *Liberating Masturbation: A Meditation on Self-Loving* (Bodysex Designs, 1974) and *Sex For One* (New York: Three Rivers Press, 1986); see also Dodson's recent DVD, 'Selfloving: Video Portrait of a Women's Sexuality Seminar'.

Alex Comfort, *The Joy of Sex* (New York: Crown, 1972 and various later revised editions); *More Joy of Sex* (London: Mitchell Beazley, 1973 and various later revised editions).

Feminist views on the sexual revolution: Sheila Jeffreys, *Anticlimax: A Feminist Perspective on the Sexual Revolution* (London: The Women's Press, 1990). Beatrix Campbell, 'A Feminist Sexual Politics: Now You See It Now You Don't', *Feminist Review*, 5 (1980): 1–18; her quote on 'the permissive era' is on pp. 1–2. Kate Millett, *Sexual Politics* (London: Virago, 1970). Germaine Greer, *Female Eunuch* (New York: Farrar, Straus and Giroux, 1971).

Masters and Johnson and women's liberation (in sex): William Masters and Virginia Johnson, *The Pleasure Bond* (New York: Bantam Books, 1974). For a critical analysis, see Janice M. Irvine, *Disorders of Desire: Sex and Gender in Modern American Sexology* (Philadelphia: Temple University Press, 1990).

Friday's famous studies of sexual fantasies: Nancy Friday, *My Secret Garden: Women's Sexual Fantasies* (New York: Pocket Books, 1973); *Forbidden Flowers: More Women's Sexual Fantasies* (New York: Pocket Books, 1975); *Men in Love: Men's Sexual Fantasies; The Triumph of Love over Rage* (New York: Dell, 1980).

Female orgasm/frigidity: Frank Caprio, *The Sexually Adequate Woman* (New York: The Citadel Press, 1963); his quote is on p. 64.

Marie Bonaparte, *Female Sexuality* (New York: Grove Press, 1953). Anne Koedt, 'The Myth of the Vaginal Orgasm', in her *Radical Feminism* (New York: Quadrangle, 1972). Alix Shulman, 'Organs and Orgasms', in *Women in Sexist Society: Studies in Power and Powerlessness*, ed. Vivian Gornick and Barbara K. Moran (New York: Signet Books, 1972), p. 296; also cited in *The Hite Report on Female Sexuality*, p. 275.

The Hite Reports: Shere Hite, *The Hite Report on Female Sexuality* (New York: Dell, 1976). Her quote on 'lack of sexual satisfaction' is on p. 420; her quote on '95 percent could orgasm' is on p. 59; her quote 'the fact that women can orgasm easily' is on p. 60; her quote on 'sexual slavery' is on p. 419. Shere Hite, *The Hite Report on Male Sexuality* (New York: Ballantine, 1981); her quote on 'rape' is on p. 742. Véronique Mottier, 'The Politics of Sex: Truth Games and the Hite Reports', *Economy and Society*, 24, 4 (1995): 520–39.

Political lesbianism: Leeds Revolutionary Feminist Group, *Love Thy Enemy? The Debate between Heterosexual Feminism and Political Lesbianism* (London: Onlywomenpress, 1981). Adrienne Rich, 'Compulsory Heterosexuality and Lesbian Existence', *Signs*, 5, 4 (1980): 631–60. Radicalesbians, 'The Woman-Identified Woman', conference pamphlet 1970. 'Editorial', *Nouvelles Questions Féministes*, 1 March 1981; the quotes 'all women are oppressed', 'terrorist', and 'totalitarian' are on pp. 6–7 (my translation).

Sexual violence: Susan Brownmiller, *Against Our Will: Men, Women, and Rape* (London: Secker & Warburg, 1975). Andrea Dworkin, *Intercourse* (New York: Simon & Schuster, 1997 [1987]); the quote 'in the fuck' is on p. 66. Susan Griffin, *Pornography and Silence* (New York: Harper & Row, 1981). For contrasting views on masculinity and sex: Lynne Segal, *Slow Motion; Changing Masculinities, Changing Men* (London: Virago, revised edn 1997); her quote 'for many men' is on p. 212.

Feminist sex wars: Lisa Duggan and Nan D. Hunter, *Sex Wars: Sexual Dissent and Political Culture* (New York: Routledge, 1995).

Female genital mutilation: Gloria Steinem and Robin Morgan, 'The International Crime of Genital Mutilation', in *Outrageous Acts and Everyday Rebellions*, ed. Gloria Steinem (New York: Holt, Rinehart, and Winston, 1983), pp. 292–8. Alice Walker, *Possessing the Secret of Joy* (London: Jonathan Cape, 1992). Alice Walker and Pratibha Parmar, *Warrior Marks: Female Genital Mutilation and the Sexual Blinding of Women* (San Diego: Harvest, 1993). Nontsasa Nako, 'Possessing the Voice of the Other: African Women and the "Crisis of Representation" in Alice Walker's Possessing the Secret of Joy', *Jenda – A Journal of Culture and African Women's Studies*, 1, 2 (2001).

Chapter 4

The title quote is from Angela Franks, *Margaret Sanger's Eugenic Legacy: The Control of Female Fertility* (Jefferson: McFarland, 2005), p. 34. Sanger's quotes 'nature eliminates the weeds' and 'clog up the path' are on p. 48; the *Buck vs Bell* decision is on p. 183.

'The sexual revolution was heterosexual': the quote is from Sheila Jeffreys, *Anticlimax: A Feminist Perspective on the Sexual Revolution* (London: The Women's Press, 1990), p. 110.

Aids and the (unfinished) sexual revolution: Jeffrey Weeks, *Sex, Politics and Society: The Regulation of Sexuality since 1800*, 2nd edn (Harlow: Longman, 1998), p. 302; the Chief Constable of Manchester's quote is on p. 301; the quote 'the impact of the Aids crisis' is on p. 304.

American sexology and responses to Aids: Janice M. Irvine, *Disorders of Desire: Sex and Gender in Modern American Sexology* (Philadelphia: Temple University Press, 1990); Crenshaw's quote 'the sexual revolution is over' is cited on p. 153. William Masters, Virginia Johnson, and Robert Kolodny, *Crisis: Heterosexual Behavior in the Age of Aids* (New York: Grove Press, 1988).

Feminist research on Aids: Janet Holland, Caroline Ramazanoglu, Rachel Thomson, and Sue Sharpe, *The Male in the Head: Young People, Heterosexuality and Power* (London: The Tufnell Press, 1998).

Michel Foucault, 'Non au sexe roi', in *Dits et ecrits 1954–1988 par Michel Foucault*, vol. 3, ed. Daniel Defert and François Ewald (Paris: Gallimard, 2004), pp. 256–69; the quote 'sexuality has always been' is on p. 257.

Auguste Forel's quotes 'the regulation of procreation', 'let science enlighten', and 'each fiancée has the right' are from his pamphlet *Le rôle de l'hypocrisie, de la bêtise et de l'ignorance dans la morale contemporaine* (Lausanne: Libre Pensée Internationale, 1916); his quote 'an intelligent, scientific social-democracy' is from his pamphlet *La morale en soi* (Lausanne: Administration de la libre pensée, 1910), my translation.

Eugenics in Switzerland: Véronique Mottier and Laura von Mandach (eds), *Eugenik und Disziplinierung in der Schweiz: Integration und Ausschluss in Psychiatrie, Medizin und Fürsorge* (Zurich: Seismo, 2007); this edited volume presents summaries of recent archival research by Swiss historians Regina Wecker, Jakob Tanner, Roswitha Dubach, Marietta Meier, Beatrice Ziegler, Gisela Hauss, and their research teams. See also: Véronique Mottier, 'Eugenics and the Swiss Gender Regime: Women's Bodies and the Struggle against "Difference"', *Revue Suisse de Sociologie*, 32, 1 (2006): 253–67; Natalia Gerodetti, 'From Science to Social Technology: Eugenics and Politics in Twentieth-Century Switzerland', *Social Politics: International Studies in Gender, State and Society*, 13, 1 (2006): 59–88 and 'Eugenic Family Politics and Social Democrats: "Positive" Eugenics and Marriage Advice Bureaus', *Journal of Historical Sociology*, 19, 3 (2006): 217–44; Gilles Jeanmonod and Geneviève Heller, 'Eugénisme et contexte socio-politique: l'exemple de l'adoption d'une loi sur la stérilisation des handicapés et malades mentaux dans le canton de Vaud en 1928', *Revue d'histoire suisse*, 50 (2000): 20–44.

Eugenics in Scandinavia: Gunnar Broberg and Nils Roll-Hansen, *Eugenics and the Welfare State: Norway, Sweden, Denmark, and Finland* (Michigan: Michigan State University Press, 2005).

Eugenics and the Left: Diane Paul, 'Eugenics and the Left', *Journal of the History of Ideas*, 45, 4 (1984): 567–90; Véronique Mottier and Natalia Gerodetti, 'Eugenics and Social-Democracy: or, How the Left Tried to Eliminate the "Weeds" from its National Gardens', *New Formations*, 60 (2007): 35–49.

Eugenics in the United States: Wendy Kline, *Building a Better Race: Gender, Sexuality and Eugenics from the Turn of the Century to the Baby Boom* (Berkeley: University of California Press, 2001).

Female sexuality and nationalism: Nira Yuval-Davis, *Gender and Nation* (London: Sage, 1997).

Swiss child removal programme: Walter Leimgruber, Thomas Meier, and Roger Sablonier, *Das Hilfswerk fuer die Kinder der Landstrasse* (Bern: Schweiz. Bundesarchiv, 1998).

Hirschfeld's quote 'an interesting experiment': Magnus Hirschfeld, *Racism* (London: Gollanz, 1938).

Chapter 5

The title quote is from Jeffrey Weeks, *Sexuality* (London: Routledge), p. 77. His quote 'a great continent of normality' is on p. 80.

'Like their male counterparts': the quote is from David Reuben, *Everything You Ever Wanted to Know About Sex But Was Afraid to Ask* (London: W. H. Allen, 1970), p. 215.

Debates around 'gay marriage': see Claire R. Snyder, *Gay Marriage and Democracy: Equality for All* (Lanham: Rowman & Littlefield, 2006).

Age of consent battles: see Matthew Waites, *The Age of Consent: Young People, Sexuality and Citizenship* (New York: Palgrave MacMillan, 2005).

'they are not part of our community': the quote is from gay rights activist Gregory King, cited in Joshua Gamson, 'Messages of Exclusion: Gender, Movements, and Symbolic Boundaries', *Gender and Society*, 11, 2 (1997): 178–99.

Gay vs gender separatism: see Eve Kosofski Sedgwick, *Epistemology of the Closet* (Berkeley: University of California Press, 1990), pp. 88–90; Jill Johnson, *Lesbian Nation* (New York: Simon & Schuster, 1973).

Tales of the City series: this refers to a series of six novels, the first titled *Tales of the City*, written by Armistead Maupin and published between 1978 and 1990, chronicling the lives of various main characters in San Francisco.

Neo-pagan feminism: Zsusanna Budapest, *The Holy Book of Women's Mysteries* (Oakland, California: Wingbow Publishers, 1989), originally published under a different title in 1975.

'We are ... past such identities': the quote is from Diana Richardson, *Rethinking Sexuality* (London: Sage, 2000), pp. 38–9.

'In a nutshell': the quote is from Carol Queen and Lawrence Schimel (eds), *PoMoSexuals: Challenging Assumptions about Gender and Sexuality* (San Francisco: Cleis Press, 1997), pp. 13–14; the quotation 'We pomosexuals are the queer's queers' is on pp. 24–5; the quote from Travers Scott, 'Queer almost immediately came to mean ...' is on p. 64; Pat Califia's quote on PoMoSexuals as the 'bastard children' is on p. 103; 'lesbian separatist who becomes a professional dominatrix' is on p. 16.

'Progressive' sexual value models: Jeffrey Weeks, *Invented Moralities: Sexual Values in an Age of Uncertainty* (Cambridge: Polity Press, 1995).

Andrew Sullivan, *The Conservative Soul: How We Lost It, How to Get It Back* (New York: Harper Collins, 2006).

Sexuality and 'race': Edward W. Said, *Orientalism* (London: Routledge & Kegan Paul, 1978); Margaret Mead, *Coming of Age in Samoa: A Psychological Study of Primitive Youth for Western Civilization* (New York: Perennial, 2001 [1928]); Bronislaw Malinowski, *The Sexual Life of Savages* (Boston: Beacon Press, 1987 [1929]).

Sexuality as 'an especially dense transfer point': the quotation is from Michel Foucault, *The History of Sexuality, Volume I: An Introduction* (Harmondsworth: Penguin, 1990 [1976]), p. 103.

Sexuality as 'a malleable feature of self': the quotation is from Anthony Giddens, *The Transformation of Intimacy: Sexuality, Love and Eroticism in Modern Societies* (Cambridge: Polity Press, 1992), p. 15.

'men's liberation is a passive affair': the quotation is from Ulrich Beck and Elizabeth Beck-Gernsheim, *The Normal Chaos of Love* (Cambridge: Polity Press, 1995), p. 153.

'Gender is not a synonym for women': book-title of Terrell Carver, *Gender is Not a Synonym for Women* (Boulder, Colorado: Lynne Rienner, 1996).

'Liquid love': Zygmunt Bauman, *Liquid Love: On the Frailty of Human Bonds* (Cambridge: Polity Press, 2003).

Advice literature: the quotation 'for the past 15 years...' is from Dan Savage's advice column of 7 November 2007. See also Dan Savage, *Skipping Towards Gomorrah: The Seven Deadly Sins and the Pursuit of Happiness in America* (New York: Plume, 2002). The quotation 'the man must take charge' is from *The Complete Book of Rules: Time-Tested Secrets for Capturing the Heart of Mr. Right* (London: Harper Collins, 2000), p. 7; this is an expanded edition of the original 1995 work *The Rules*.

'If you can't orgasm': the quote is from Shere Hite, *The Hite Report on Female Sexuality* (New York: Dell, 1976), p. 222.

Sexual diversity and power: the quote 'however neutral and objective...' is from Ken Plummer, 'Sexual Diversity: A Sociological Perspective', in *Sexual Diversity*, ed. Kevin Howells (Oxford: Blackwell, 1984), p. 219.

The politics of sex: see Terrell Carver and Véronique Mottier (eds), *Politics of Sexuality: Identity, Gender, Citizenship* (London: Routledge, 1998).

“牛津通识读本”已出书目

古典哲学的趣味
人生的意义
文学理论入门
大众经济学
历史之源
设计，无处不在
生活中的心理学
政治的历史与边界
哲学的思与惑
资本主义
美国总统制
海德格尔
我们时代的伦理学
卡夫卡是谁
考古学的过去与未来
天文学简史
社会学的意识
康德
尼采
亚里士多德的世界
西方艺术新论
全球化面面观
简明逻辑学
法哲学：价值与事实
政治哲学与幸福根基
选择理论
后殖民主义与世界格局
福柯
缤纷的语言学
达达和超现实主义
佛学概论
维特根斯坦与哲学
科学哲学
印度哲学祛魅
克尔凯郭尔
科学革命
广告
数学
叔本华
笛卡尔
基督教神学
犹太人与犹太教
现代日本
罗兰·巴特
马基雅维里
全球经济史
进化
性存在
量子理论
牛顿新传
国际移民
哈贝马斯
医学伦理
黑格尔
地球
记忆
法律
中国文学
托克维尔
休谟
分子
法国大革命
丝绸之路
民族主义
科幻作品
罗素
美国政党与选举
美国最高法院
纪录片
大萧条与罗斯福新政
领导力
无神论
罗马共和国
美国国会
民主
英格兰文学
现代主义
网络
自闭症
德里达
浪漫主义

批判理论
电影
俄罗斯文学
古典文学
大数据
洛克
幸福
免疫系统
银行学

德国文学
戏剧
腐败
医事法
癌症
植物
法语文学
微观经济学
湖泊

儿童心理学
时装
现代拉丁美洲文学
卢梭
隐私
电影音乐
抑郁症
传染病